बांग्लादेश की जनमुखी कविताएँ

ख़ामोशी का अर्थ पराजय नहीं होता

वाणी प्रकाशन से प्रकाशित 'पहल' शृंखला की पुस्तकें

1. नवजागरण की इतिहास चेतना (आलोचना)
2. हमें बहुत सारे फूल चाहिए (कविता)
3. मार्क्सवादी सौन्दर्यशास्त्र (आलोचना)
4. पाश : तूफ़ान कभी मात नहीं खाते (आलोचना)
5. कहानी : आज की कहानी (नामवर सिंह से साक्षात्कार)
6. ख़ामोशी का अर्थ पराजय नहीं होता (बांग्लादेश की जनमुखी कविताएँ)
7. बाज़ार में खड़ा दार्शनिक (वाल्टर बेंजामिन)

बांग्लादेश
की जनमुखी कविताएँ

ख़ामोशी का अर्थ पराजय नहीं होता

सम्पादक
ज्ञानरंजन | कमला प्रसाद

अनुवाद
अमिताभ चक्रवर्ती

वाणी प्रकाशन

प्रकाशन के उत्कृष्टतम 61 वर्ष

vaniprakashan.com

सजिल्द पहला संस्करण : 2024

वाणी प्रकाशन

4695, 21-ए, दरियागंज, नयी दिल्ली-110 002

फ़ोन : + 91 11 23273167, 23275710

शाखाएँ

अशोक राजपथ, पटना-800 004, बिहार

कॉफ़ी हाउस कैम्पस, महात्मा गांधी मार्ग, प्रयागराज-211 001, उत्तर प्रदेश

महात्मा गांधी अन्तरराष्ट्रीय हिन्दी विश्वविद्यालय, वर्धा-442 001, महाराष्ट्र

36/ए, शेक्सपियर सरणी, रानी बिरला गर्ल्स कॉलेज के पास, कोलकाता-700 017, प. बंगाल

sales@vaniprakashan.in
vaniprakashan@gmail.com

Khamoshi Ka Arth Parajay Nahin Hota
Edited by Gyanranjan, Kamla Prasad
Translation by Amitabh Chakraborty

ISBN : 978-93-6287-254-8

Poetry Collection

मूल्य : ₹ 695

आर. टेक ऑफ़सेट प्रिंटर्स, दिल्ली-110032 में मुद्रित

वाणी प्रकाशन का लोगो मक़बूल फ़िदा हुसेन की कूची से

स्व. अमृतलाल नागर (1916-1990)

और

कवि रामविलास शर्मा (1927-1990)

की स्मृति में

बांग्लादेश की प्रगतिशील जनोन्मुखी कविता का पहला प्रकाशन

यहाँ जिन्होंने जीवन दिया है
रमना के ऊर्ध्वमुखी गुलमोहरों के नीचे
जहाँ चिनगारी की तरह
चमक रही हैं रक्त रेखाएँ
वहाँ मैं रोने के लिए नहीं आया हूँ
आज मैं शोक से ध्वस्त नहीं हूँ
आज मैं क्रोध से प्रज्वलित नहीं हूँ
आज मैं रक्त के गौरव से अभिषिक्त हूँ

—महबूबुल आलम चौधरी

यह कविता 1952 में 'सीमान्त' पत्रिका के सम्पादक, चटगाँव के कवि ने ढाका में छात्रों के शान्तिमय जुलूस पर पुलिस बर्बरता के बाद लिखी। बाद में पूरी कविता जब्त कर ली गयी और पाबन्दी अभी तक है।

रचना-क्रम

परिशिष्ट

बांग्लादेश की कविता का पूर्वपाठ

1. एक ही पृष्ठभूमि में विकसित होने और एक ही भाषा में लिखी जाने के बावजूद पश्चिम बंगाल और बांग्लादेश की कविताओं में काफ़ी भिन्नताएँ हैं। परिवेश और परिस्थिति अनेकांश में कविता को प्रभावित करती है। बांग्लादेश और पश्चिम बंगाल की परिस्थितियाँ और परिवेश समान नहीं हैं इसलिए इन भूखण्डों में लिखी जा रही कविताओं में भी भिन्नताओं का होना स्वाभाविक है।

शमसुररहमान के शब्दों में–

दोस्तो! आप जो कवि हैं
स्वतन्त्र एक देश के कवि
आपके उस भाग्य पर
ईर्ष्या हो रही है आज

(बन्दी शिविर से)

या दाऊद हयदर के शब्दों में–

जी चाहता है
शहीद मीनार के शिखर पर चढ़ कर
आकाश को चीरते हुए चीत्कार करूँ
देखो, सीमा के उस पार मेरा घर है
यहाँ मैं अकेला हूँ, परदेसी

(तुम्हारी बात)

कविताओं की भिन्नताओं को कई और तरह से भी रेखांकित किया जा सकता है। बांग्लादेश की कविताओं में अरबी, फ़ारसी शब्दों का प्रचलन बढ़ा है जबकि पश्चिम बंगाल की कविताओं में संस्कृतनिष्ठ शब्दों के प्रयोग ज़्यादा होते हैं। पश्चिम बंगाल की कविताओं में ग्राम-बांग्ला का प्राकृतिक सौन्दर्य ज़्यादा मुखरित है।

परन्तु यह सब विभाजन की मोटी-मोटी बातें हैं। कविताएँ जहाँ अपनी निर्णायक भूमिका में होती हैं और संघर्षरत आम आदमी के पक्ष में खड़ी होती हैं, चाहे वे किसी

भी क्षेत्र या भूखण्ड में लिखी गयी कविताएँ क्यों न हों उन्हें देश, काल की सीमाओं में विभाजित करना कठिन है।

भुखमरी और महामारी के दिनों में
जितनी बार मैंने सुनी है
किसी भूखे बच्चे के रोने की आवाज़
उतनी बार आहत नज़रें उठाकर
देखा है दूर-दूर तक
लेकिन, मेरे धूसर दिगन्त में
कहीं विशालकाय नेता की
वह तस्वीर नहीं दिखी है, जिसमें
पीड़ित लोगों के लिए
राहत सामग्री ढोती उसकी पीठ
सेवाभार से थोड़ी भी झुकी हो

(जितनी बार मैंने सुनी है—फारूख अहमद, बांग्लादेश)

घुटनों तक लटकती
यह जो मेरी क़मीज़ है
मैंने ख़रीदी थी इसे
काफ़ी दिनों पहले,
मेरे पिता की भी
ऐसी ही एक क़मीज़ थी
गँवई और मसख़रे के लायक

मेरे पिता आज नहीं हैं
उनकी वह क़मीज़ भी नहीं है
अभी दूरदर्शन के पर्दे पर है
प्रधानमन्त्री जी का
शान्त सुन्दर चेहरा
लम्बा कोट, गले तक बन्द बटन
बहुत क़ीमती
आगे-पीछे पचासों कैमरे

लगता है मेरी यह क़मीज़
अब जल्द ही उतार ली जायेगी
मेरे बदन से, लेकिन
मुझे सम्पूर्ण नग्न देखने से पहले
आप अपना दूरदर्शन बन्द कर लें
वरना, आपको बहुत शर्म आयगी।

(क़मीज़—अलोकनाथ मुखोपाध्याय, पश्चिम बंगाल)

हर आदमी को मिले स्लेट-पेंसिल
हर आदमी को मिले काम, बस।
जब तक न दे पा रहे हो
तब तक हर किसी को दो
उसके हिस्से का अन्न और पानी
पहनने का कपड़ा और रहने की जगह
हठ नहीं
यह उसका नागरिक अधिकार है।

दास केबिन के सामने बैठा हारू पगला
लगातार चिल्ला रहा है—
मुझे नारीमुक्ति नहीं चाहिए
एकता नहीं चाहिए
जूता-मोजा, टमाटर नहीं चाहिए
मुझे चाहिए
हर किसी के लिए शिक्षा और काम, बस।

यह सब कौन उसे सिखाता है, पता नहीं।

तेल-तेलहा आदमी
खिला-खिला आदमी
भरा-भरा आदमी
सब माथे पर छाता ले
चल फिर रहे हैं छप्प्-छप्प्।

हारू पगला अपने अतिकाय इन्द्रिय को
न छिपा पाने के कारण कुछ लज्जित है।
उसके पैर के ऊपर चढ़ा है पैर
उसका सारा बदन भीग रहा है, लेकिन
वह बन्द नहीं करेगा चीत्कार
यही उसका युद्ध है।

(दास केबिन के सामने-शरतकुमार मुखोपाध्याय, पश्चिम बंगाल)

दोनों शाम
मिले दो मुट्ठी भात, तो
और माँग नहीं है
लोग तो बहुत कुछ
माँग रहे हैं
बाड़ी, गाड़ी, पैसा
किसी को चाहिए यश
मेरी माँग बहुत छोटी है

(भात दे हरामजादे-रफीक आज़ाद, बांग्लादेश)

2. बंगदेश का उल्लेख प्राचीन ग्रन्थों जैसे वेद, ऐतरेय ब्राह्मण, जैन धर्म ग्रन्थों आदि में मिलता है। पाणिनि और पतंजलि की रचनाओं में भी इसका वर्णन है। अत: यह अनुमान लगाया जा सकता है कि एक देश के रूप में बंगदेश का अस्तित्व दो हज़ार वर्षों से भी ज़्यादा पुराना है।

यहाँ के मूल निवासी अनार्य जाति के थे। आर्यों ने उन्हें असुर कहा था। वे ऑस्ट्रोनिग्रोएड श्रेणी के लोग थे। बाद में अलपाइन, मंगोल और द्रविड़ श्रेणी के लोग भी उनकी गोष्ठी में आ मिले। यहाँ की उर्वर और जलमग्न भूमि में लोगों ने खेती और मत्स्यपालन का पूर्ण विकास किया। अस्थिर संचार व्यवस्था के कारण न्यूनतम श्रम विभाजन पर आधारित एक विकेन्द्रित वर्ग-विहीन समाज का विकास यहाँ सम्भव हुआ।

पाँचवीं शताब्दी में गुप्त साम्राज्य के विस्तारकाल में इस क्षेत्र में ब्राह्मणवाद के समर्थक सामन्तों ने स्थानीय लोगों को हेय नज़र से देखा। बंगदेश में ब्राह्मणवाद के प्रसार के परिणामस्वरूप वर्ण-विभाजित जिस समाज का विकास यहाँ प्रारम्भ हुआ उसमें नीचे तबके या निम्नवर्ण के लोगों को ज़बर्दस्त शोषण और निर्यातन का

सामना करना पड़ा। उसकी प्रतिक्रियास्वरूप निम्नवर्ण के लोगों ने ब्राह्मणवाद विरोधी सभी आन्दोलनों जैसे–बौद्ध, वैष्णव और बाद में इसलाम के प्रसार काल में उनके प्रति अपना व्यापक समर्थन दिया।

बंगदेश में इसलाम का प्रवेश तुर्क अफ़गान जाति के विजय अभियान के परिणामस्वरूप तेरहवीं शताब्दी में हुआ था। ब्राह्मण धर्म के प्रति तीव्र आक्रोश रहने के कारण निम्नवर्ण के लोगों ने विजेता जाति के धर्म इसलाम को ही अन्ततः व्यापक रूप से स्वीकार कर लिया। इसलाम ने शोषित पीड़ित लोगों को बहुत हद तक न्याय के साथ समाज में एक सम्मानजनक स्थान भी दिया। हालाँकि इसलाम के अभिजात वर्ग ने अपने को अशरफ, उच्चवंशीय या पैगम्बर की सन्तान और स्थानीय धर्मान्तरित लोगों को अजलाफ या निम्नवंशीय कहा।

बांग्लादेश के सुप्रसिद्ध पत्रकार और साहित्यकार मुहम्मद कासेम, बंगाल जाति के विकास को रेखांकित करते हुए अपनी पुस्तक 'बांग्लादेश : जाति और संस्कृति' में कहते हैं कि 'प्राचीन बांग्ला के लोकाचार में विश्वास करने वाले 'हिन्दू' नाम से परिचित इस परिमण्डल का आदि जनसमाज और उससे धर्मान्तरित मुस्लिम, बौद्ध, या आधुनिक काल के ईसाई, सब मूल संगठन सूत्र और रक्त सम्बन्ध से बंगाली हैं जबकि धर्म के आधार पर कोई मुसलमान, कोई हिन्दू, कोई बौद्ध और कोई क्रिश्चियन बने हुए हैं।' (पृष्ठ 25)।

3. बंगदेश में सामन्त युग का आरम्भ पाँचवीं शताब्दी में होता है। उससे पहले यहाँ सौदागरों का वर्चस्व था। भौगोलिक कारणों से यहाँ सामन्त तन्त्र का उदय भूमि पर आधारित कृषि शक्ति से न होकर सौदागरी धनतन्त्र से हुआ। सौदागर प्रधान समाज का उदय उपजातीय समाज के असम्पूर्ण विलोप से हुआ था।

सौदागरी धनतन्त्र के युग में बंगदेश में अनेक बड़े-बड़े सौदागर हुए जो जहाज़ी बेड़ों के सहारे भिन्न-भिन्न देशों में आयात-निर्यात का व्यापार करते थे। चाँद सौदागर आदि अनेक सौदागरों की लोमहर्षक व्यापार-कहानियाँ ग्राम बांग्ला (दोनों) की लोक कथाओं में आज भी प्रचलित हैं।

चौदहवीं शताब्दी से लेकर सोलहवीं शताब्दी के मध्य तक बंगदेश में सामन्ततन्त्र के ही एक दूसरे रूप का प्रभुत्व रहा। उस समय यहाँ के शासक सामन्ततन्त्री मुसलमान नवाब रहे। वे विदेशी और अन्य भाषाभाषी थे। मुसलमान सामन्तों ने अपने राज्य में शासन व्यवस्था को सुदृढ़ बनाने के साथ-साथ अपने धर्म के प्रसार में भी गहरी दिलचस्पी ली। उसका व्यापक प्रभाव समाज के निम्नवर्ण के लोगों पर पड़ा। वे बहुत बड़ी संख्या में इसलाम धर्म को स्वीकारते गये। उन नये मुसलमानों को उसके बदले में अधिकाधिक सरकारी पद मिले और उनकी सामाजिक स्थिति में भी सुधार हुआ।

आठवीं शताब्दी के उत्तरार्द्ध से लेकर बाद की तीन शताब्दियों तक पाल राजाओं के शासनकाल में बौद्ध धर्म का प्रसार बंगदेश में ज़्यादा हुआ था। उसके बाद सेन राजवंश के शासनकाल में ब्राह्मणवाद का पुनरुत्थान हुआ था। मुस्लिम शासकों के शासन काल में ब्राह्मणवाद का विस्तार पुनः रुक गया। परन्तु मुसलमान शासकों ने हिन्दू सामन्तों की उपेक्षा नहीं की और राजकार्य के सुचारु संचालन के लिए उन्हें भी बहाल रखा।

सामन्तकालीन हिन्दू राजाओं की तरह ही मुसलमान नवाब भी अपने पार्षदों और चाटुकारों के साथ भोग-विलास में डूबे रहे और आम जनता का, चाहे वह हिन्दू सम्प्रदाय की हो या मुसलमान सम्प्रदाय की, शोषण जारी रहा।

4. सन् 1757 में अंग्रेज़ों के हाथों बांग्ला के नवाब सिराजुद्दौला की पराजय, देशी और विदेशी अपेक्षाकृत प्रगतिशील और नवीन पूँजीवादी शक्तियों के आगे पुरातन पतनशील सामन्तवादी शक्तियों की अनिवार्य पराजय थी। उस पराजय को बंगदेश की जातीय पराजय के रूप में देखा गया। परन्तु सच्चाई यह है कि बंगाल के मुस्लिम सामन्त भी विदेशी थे और जनता उनके हाथों भी ग़ुलाम ही थी। अंग्रेज़ों ने केवल मुस्लिम सामन्तों से सत्ता हथिया ली थी। फिर भी, विदेशी मुस्लिम शासकों और अंग्रेज़ शासकों में सबसे महत्त्वपूर्ण अन्तर यह था कि मुस्लिम शासक विदेश से आने के बावजूद स्थायी रूप से बंगदेश में ही बस गये थे और यहाँ की भाषा, संस्कृति और जीवनशैली में घुल-मिलकर एकाकार हो गये थे। उन्होंने इस देश को अपना घर, अपनी मातृभूमि बना लिया था। उसके विपरीत अंग्रेज़ों ने इस देश की सम्पदा के अतिरिक्त यहाँ का कुछ भी नहीं अपनाया।

मुसलमान शासकों से सत्ता हथियाने में अंग्रेज़ों की सबसे बड़ी मदद बंगाल के देशी पूँजीपतियों और महाजनों ने की थी। उनके उस आचरण को उनके वर्गचरित्र के विश्लेषण द्वारा आसानी से समझा जा सकता है। यहाँ यह भी उल्लेखनीय है कि सिराजुद्दौला के बाद अंग्रेज़ों की मदद से बंगाल का अगला नवाब मुस्लिम सामन्तों के एक अन्य प्रतिनिधि मीर जाफर बने थे। मीर जाफर या उनके समर्थक मुसलमानों का वर्ग चरित्र भी हिन्दू पूँजी-पतियों और महाजनों से भिन्न नहीं था।

बंगाल में अंग्रेज़ों की विजय के साथ ही राजधानी को ढाका से हटाकर कलकत्ता लाया गया। नयी राजधानी कलकत्ते को केन्द्र बनाकर पूँजीपति और मध्यवर्ग की जो श्रेणियाँ विकसित होने लगीं, स्वाभाविक कारणों से ही वे हिन्दू प्रधान रहीं।

लार्ड कार्नवालिस द्वारा 1793 में भू-सम्पत्ति का जो स्थायी बन्दोबस्त किया गया उसके परिणामस्वरूप बंगाल में एक नये ज़मींदार वर्ग का उदय हुआ। पुरातन कुछ ज़मींदारों के अतिरिक्त सभी नये ज़मींदार लगभग वे लोग हुए जो पुरातन व्यवस्था

में दलालों की भूमिका में रहकर और नाजायज़ ढंग से धन एकत्रित कर काफ़ी शक्तिशाली बन गये थे। इस वर्ग ने प्रत्यक्ष या परोक्ष रूप से मुसलमानों के ख़िलाफ़ अंग्रेज़ों की मदद की थी। अंग्रेज़ों ने अवसरवादी इन लोगों को काफ़ी अधिकार देकर 'बाबू' बना दिया। स्वतन्त्र पूँजी विकास का अवसर देने की बजाय अंग्रेज़ों ने इस वर्ग को शोषण पर आधारित एक आरामदायक और विलासितापूर्ण जीवन की ओर बढ़ा दिया। उसके परिणामस्वरूप बंगाल में स्वतन्त्र पूँजीपति वर्ग का उदय नहीं हुआ और बंगाल की अर्थनीति ज़मींदारों द्वारा किसान-मज़दूरों के हृदयहीन शोषण पर आधारित हो गयी।

सत्ता हस्तान्तरण के परिणामस्वरूप अभिजात मुसलमानों की स्थिति बिगड़ी थी। उसके विपरीत अनेक हिन्दू उससे लाभान्वित हुए थे। शहर कलकत्ता दिनोंदिन समृद्ध होता जा रहा था और ढाका की हालत शोचनीय होती जा रही थी। सन् 1765 में जिस ढाका की आबादी चार लाख थी, शताब्दी के अन्त तक वहाँ मात्र बीस हज़ार लोग रह गये थे।

अत: मुसलमानों ने उन कारणों के चलते हिन्दुओं को अपने हितों का विरोधी समझा। अंग्रेज़ों ने उस विरोधी भावना को धार्मिक रंग देकर समय-समय पर भड़काया ताकि हिन्दू और मुस्लिम सम्प्रदाय के लोग आपस में लड़ते मरते रहें और अंग्रेज़ों का लूट का शासन चलता रहे। अंग्रेज़ों की महानता को समझने के लिए इतना जानना ही पर्याप्त होगा कि बंगाल की धरती में उनके प्रवेश करने के दो दशकों के भीतर, बंगाल की एक-तिहाई जनता भूख से मर गयी थी।

5. अंग्रेज़ों की औपनिवेशिक अर्थनीति के फलस्वरूप बंगाल के उद्योग-धन्धे चौपट हो गये और आम जनता की हालत दिन-प्रतिदिन बिगड़ती चली गयी। परिणामस्वरूप अंग्रेज़ी शासन के ख़िलाफ़ एक जनाक्रोश बढ़ने लगा। जनता का वह आक्रोश सन् 1857 के सिपाही विद्रोह के समय फूट पड़ा। अंग्रेज़ों ने उसी समय यह महसूस कर लिया कि भारत में ब्रिटिश साम्राज्य को बनाये रखने के लिए जनता की संगठित शक्ति को तोड़ना आवश्यक है। उसके बाद ही अंग्रेज़ों ने साम्प्रदायिकता को अपने सबसे प्रबल राजनीतिक हथियार के रूप में प्रयोग करना शुरू किया। अपने ख़िलाफ बढ़ते जनाक्रोश की दिशा को मोड़ने के लिए उन्होंने हिन्दू और मुसलमान सम्प्रदायों को धर्म पर आधारित अपनी-अपनी पार्टियाँ बनाने और उन पार्टियों के गठन को अनिवार्य बनाने के लिए सामाजिक-राजनीतिक परिस्थितियाँ भी तैयार कीं।

सन् 1885 में भारतीय राष्ट्रीय कांग्रेस की स्थापना यद्यपि अंग्रेज़ों के प्रत्यक्ष विरोध के लिए नहीं थी फिर भी, राष्ट्रीय परिस्थितियों के कारण कांग्रेस का रुख धीरे-धीरे अंग्रेज़ विरोधी होता गया और स्वतन्त्रताकामी भारतीय चाहे किसी भी वर्ण

या सम्प्रदाय के क्यों न हों, ज़्यादा से ज़्यादा संख्या में कांग्रेस से जुड़ने लगे। अंग्रेज़ विरोधी शक्तियों के प्रसार को देखते हुए सन् 1905 में बंगाल को विभाजित कर दिया गया। पश्चिम बंगाल, बिहार और उड़ीसा को लेकर एक और पूर्वी बंगाल तथा असम को लेकर दूसरे प्रदेश का गठन किया गया। अंग्रेज़ों ने उस विभाजन का कारण हालाँकि प्रशासनिक असुविधा बताया था फिर भी उनका वास्तविक उद्देश्य स्पष्ट था।

18 फ़रवरी 1904 के दिन ढाका में एक बयान देते हुए लार्ड कर्जन ने कहा कि–'बंग भंग से पूर्वी बंगाल के मुसलमानों को संगठित होने का एक ऐसा अवसर मिलेगा जो मुस्लिम कालीन शासन के बाद उन्हें आज तक नहीं मिला।' उन्होंने यह भी कहा कि 'बंगाली जो अपने को एक जाति के रूप में देखना पसन्द करते हैं और एक ऐसे भविष्य का सपना भी देखते हैं, जब अंग्रेज़ों के हटने के बाद कलकत्ता के राजभवन में कोई बंगाली बाबू बैठेंगे, तो अवश्य ही वे इस तरह के किसी भी क़दम का विरोध करेंगे। क्योंकि इससे उनके सपनों के आगे बाधाएँ खड़ी हो जायेंगी। लेकिन यदि इस समय हम उनके विरोध के आगे झुक जायँ तो बंगाल का विभाजन हमारे लिए और कभी सम्भव नहीं होगा। और भारत के पूर्वी हिस्से में उनकी संगठित शक्ति का मुक़ाबला हमारे लिए असम्भव हो उठेगा, जो इसी बीच एक बहुत बड़ी चुनौती के रूप में हमारे सामने आ गयी है।'

(The Swadeshi Movement in Bengal–1903-1908- लेखक–सुमित सरकार, पृष्ठ 18)

6. बंग भंग को लेकर हिन्दू और मुसलमान सम्प्रदायों की विपरीत सोच ने दोनों सम्प्रदायों के बीच की दूरी को और बढ़ा दिया। बंग भंग की प्रतिक्रियास्वरूप बंगाल में ब्रिटिश विरोधी जो उग्र आन्दोलन हुए उनमें कुछेक मुसलमान नेताओं के समर्थन के बावजूद व्यापक रूप से मुसलमानों का सहयोग नहीं के बराबर रहा। उसके परिणामस्वरूप हिन्दू मुसलमानों को सन्देह की नज़र से देखने लगे और अपनी राष्ट्रीय आकांक्षाओं की पूर्ति के मार्ग में उन्हें बाधक तत्त्व समझा।

दूसरी ओर बंग भंग के विरोध में प्रस्तावित विदेशी सामग्री के वर्जन कार्यक्रम में मुसलमानों ने हिन्दू उद्योगपतियों के हित की बात देखी। उन मतविरोधों के कारण दोनों सम्प्रदायों के बीच खुली झड़पें भी होने लगीं। कहीं-कहीं उन झड़पों ने साम्प्रदायिक दंगों का रूप भी ले लिया। भारतीय राजनीति और सामाजिक जीवन में यह एक नयी बात थी। हिन्दू पुनर्जागरण ने भी उस मतविभाजन को पुष्ट किया। ब्रिटिश सरकार का खुला विरोध करने के कारण हिन्दू अब सरकारी सुविधाओं से वंचित होने लगे और उसके विपरीत अंग्रेज़ों की कृपादृष्टि मुसलमानों पर पड़ने लगी। उसके बाद क्रमशः मुसलमानों के लिए अलग शासन व्यवस्था, उच्च न्यायालय और ढाका में

विश्वविद्यालय आदि कायम हुए। ढाका को केन्द्र बनाकर मुसलमानों का यह जो विकास प्रारम्भ हुआ उसे मुसलमानों का व्यापक समर्थन मिलना स्वाभाविक था।

अंग्रेज़ों की तत्परता से आग़ा ख़ान और ढाका के नवाब सलीमुल्लाह के नेतृत्व में 30 दिसम्बर 1906 के दिन ढाका में मुस्लिम लीग की स्थापना हुई। मुस्लिम लीग ने अपनी पहली ही बैठक में बंग भंग का समर्थन करते हुए उसे मुस्लिम हितों के पक्ष में बताया और अंग्रेज़ों के प्रति कृतज्ञता प्रकट की। लीग की कर्मसूची में जो उद्देश्य नोट किये गये उनमें प्रमुख था—ब्रिटिश सरकार से सहयोग और भारत के मुसलमानों के लिए राजनीतिक अधिकार तथा सुविधाएँ अर्जित करना।

बंग भंग के विरोध में केवल बंगाल में ही आन्दोलन शुरू नहीं हुए बल्कि उसकी आग सम्पूर्ण भारत में फैल गयी और उसने ब्रिटिश उपनिवेशवाद के ख़िलाफ़ एक सर्व भारतीय आन्दोलन का रूप ले लिया।

सन् 1905 में कांग्रेस के बनारस अधिवेशन में अध्यक्ष पद से भाषण करते हुए गोपाल कृष्ण गोखले ने कहा—'वर्तमान परिस्थिति का सबसे महत्त्वपूर्ण पक्ष यह है कि इस देश के जनजीवन में एक महान शक्ति संचारित हो गयी है और इसके लिए भारत हमेशा ही बंगाल के पास ऋणी रहेगा।'

उसके परिणाम स्वरूप 1905 से ही सम्पूर्ण भारत में ब्रिटिश विरोधी आन्दोलनों का जो सिलसिला चल पड़ा उससे घबराकर अंग्रेज़ों ने सन् 1911 में बंग भंग को रद्द कर बंगाल का पुन: एकीकरण कर दिया। बंगाल के पुन: एकीकरण को यद्यपि उपनिवेशवाद विरोधी भारतीय राष्ट्रीय शक्ति के विजय के रूप में देखा गया, परन्तु उससे भारतीय जातीयता की अनेक विकृतियाँ भी खुलकर सामने आ गयीं।

बंग भंग से सम्बन्धित अपनी सामयिक हार का बदला अंग्रेज़ों ने और तरह से भी लिया। सन् 1911 में ही उन्होंने भारत की राजधानी को कलकत्ते से हटाकर सुदूर दिल्ली में स्थापित कर दिया। राजधानी का कलकत्ते से हटाये जाने का एक ऋणात्मक प्रभाव बंगाल की राजनीति पर पड़ा।

इस प्रकार बंग भंग के पीछे अंग्रेज़ों का जो वास्तविक उद्देश्य था वह पूरी तरह सफल रहा। जनमत के दबाव के आगे झुककर बंगाल के पुनर्एकीकरण किये जाने के बावजूद बंगाल की आगे की राजनीति में साम्प्रदायिकता की भूमिका ही सबसे बड़ी रही।

7. तीस के दशक के पूर्वार्द्ध में सम्पूर्ण भारत में जब एक साथ खिलाफत आन्दोलन और असहयोग आन्दोलन शुरू हुए तो हिन्दू-मुस्लिम साम्प्रदायिक एकता पुन:स्थापित हुई। परन्तु इस आन्दोलन के भारतीय आम जनता की आशा-आकांक्षाओं और उनकी सामाजिक-आर्थिक समस्याओं से न जुड़ पाने के कारण हिन्दू-मुस्लिम

एकता का वह काल दीर्घस्थायी नहीं हो सका। उस समय कांग्रेस और मुस्लिम लीग के दलीय अन्त:कलह भी खुलकर सामने आये। फिर भी मुस्लिम लीग को ही मुसलमानों की प्रतिनिधि पार्टी के रूप में मान्यता मिली और कांग्रेस के धर्मनिरपेक्षता के प्रचार के बावजूद, उसे मुस्लिम मानस का महत्त्वपूर्ण सहयोग नहीं मिला।

स्वाधीनता आन्दोलन में मुस्लिम मानसिकता पर आधारित अपनी स्वतन्त्र भूमिका और कांग्रेस से बढ़ती दूरी के कारण मुस्लिम लीग ने 1940 के लाहौर अधिवेशन में मुसलमानों के लिए स्वतन्त्र राष्ट्र का प्रस्ताव पास किया। उसके बाद जिन्नाह के नेतृत्व में पाकिस्तान की स्थापना ही मुस्लिम लीग का एकमात्र उद्देश्य हो गया।

भारत विभाजन के क्रम में बंगाल का विभाजन नहीं होगा, तत्कालीन राष्ट्रवादी बंगाली हिन्दू या मुसलमान नेताओं की यही धारणा थी। बंग-विभाजन विरोधी नेता अखिलचन्द्र दत्त को लिखे एक पत्र में महात्मा गांधी ने उस समय लगभग यही धारणा प्रकट की थी।

परन्तु गांधी जी के विचार अन्त तक वही नहीं रहे और उन्होंने भी बंगाल के विभाजन का अन्त में समर्थन किया। उसके पीछे सम्भवत: यह कारण रहा होगा कि बंगाल को एक अखण्ड सार्वभौम राष्ट्र के रूप में आज़ाद कराने के प्रयास शुरू हो गये थे। विभाजन प्रस्ताव पर बंगाल के तत्कालीन प्रधानमन्त्री हुसैन शहीद सुहरावर्दी की जो प्रतिक्रिया अख़बारों में छपी थी वह इस सन्दर्भ में उल्लेखनीय है–"I have always been in favour of a united Bengal and a greater Bengal, I am going to deal with this later on in a statement, when I hope to prove that partition of Bengal will be nothing else but suicidal for her people, whether Hindus, Muslims or Scheduld Castes."

(बंग भंग और साम्प्रदायिक राजनीति, बदरुद्दीन उमर, पृष्ठ 37)

1947 के 3 जून को भारत विभाजन की घोषणा की गयी। उसके समर्थन में लार्ड माउंटबेटन, पण्डित जवाहरलाल नेहरू और मोहम्मद अली जिन्नाह ने बेतार भाषण किये।

इस सम्पूर्ण प्रसंग में सबसे महत्त्वपूर्ण बात यह है कि जहाँ 1905 के बंगभंग का ज़बरदस्त विरोध हिन्दू सम्प्रदाय ने किया था वहीं 1947 के बंगाल के विभाजन का व्यापक समर्थन हिन्दू सम्प्रदाय ने ही किया।

8. पूर्व बांग्ला के स्वतन्त्र राष्ट्र पाकिस्तान बन जाने के साथ ही पश्चिम बंगाल के साथ उसके समस्त सांस्कृतिक-राजनैतिक बन्धन टूट गये। पश्चिम पाकिस्तान और पूर्वी पाकिस्तान हज़ारों मील की दूरी में अवस्थित होने के बावजूद धार्मिक बन्धन में बँध कर एक संयुक्त मुस्लिम राष्ट्र के रूप में सामने आये।

संयुक्त राष्ट्र पाकिस्तान की स्थापना धार्मिक आधार पर हुई थी परन्तु पाकिस्तानियों की भाषा एक नहीं थी। पश्चिम पाकिस्तान की भाषाएँ पंजाबी, पश्तो, बलूची, और सिन्धी थीं तथा पूर्वी पाकिस्तान की बांग्ला। संयुक्त पाकिस्तान में बांग्लाभाषियों की संख्या अन्य भाषा-भाषियों की अपेक्षा बहुत ज़्यादा थी। अत: पूर्वी पाकिस्तान में यह धारणा बनी कि लोक संख्या के आधार पर संयुक्त पाकिस्तान की राष्ट्रभाषा बांग्ला ही बनेगी और राष्ट्र-भाषा के रूप में प्रस्तावित उर्दू को अंग्रेज़ी की जगह दूसरा स्थान मिलेगा। उस धारणा के पीछे तर्क यह था कि संयुक्त पाकिस्तान में पाँच भाषाएँ प्रचलित थीं–पश्तो, सिन्धी, बलूची, पंजाबी और बांग्ला। पश्चिम पाकिस्तान की तीन करोड़ आबादी में पश्तोभाषियों की संख्या एक करोड़, बलूची-सिन्धी की उससे कम और पंजाबी की सबसे ज़्यादा थी। पूर्वी पाकिस्तान के पाँच करोड़ लोग बांग्ला भाषी थे। उर्दू पाकिस्तान के किसी भी प्रदेश की भाषा नहीं थी। अत: संयुक्त पाकिस्तान की राष्ट्रभाषा के रूप में बांग्ला का दावा ही सबसे ज़्यादा तर्कसंगत था। परन्तु राष्ट्रभाषा के रूप में उर्दू की चर्चा ही सर्वाधिक थी। उस पर तरह-तरह की प्रतिक्रियाएँ भी आ रही थीं। पत्रिका 'सौगात' (सितम्बर-अक्तूबर (1947) में लिखे निबन्ध 'पाकिस्तान : राष्ट्रभाषा और साहित्य' में कवि फारूख अहमद ने लिखा, "जनतान्त्रिक दृष्टिकोण से देखा जाये तो समूचे पाकिस्तान की राष्ट्रभाषा बांग्ला होनी चाहिए, परन्तु एक क्षेत्रीय भाषा को थोपकर जो लोग पूर्वी पाकिस्तान की राष्ट्रभाषा को रूपान्तरित करना चाहते हैं, उनके इरादे नेक नहीं हैं। पूर्वी पाकिस्तान की समूची जनता के साथ मैं इन ग़लत इरादों का तीव्र विरोध कर रहा हूँ।"

'कृष्टि' के अक्तूबर 1947 अंक में 'पूर्वी पाकिस्तान की राष्ट्रभाषा के परिप्रेक्ष्य में उर्दू और बांग्ला' निबन्ध में डॉ. मुहम्मद इनामुल हक ने लिखा–"इससे पूर्वी पाकिस्तान का राष्ट्रीय सर्वनाश हो जायेगा। उर्दू के माध्यम से आयेगी पूर्वी पाकिस्तान के लोगों की बर्बादी–राजनैतिक, सामाजिक, सांस्कृतिक और आर्थिक बर्बादी। इस राष्ट्रीय भाषा के द्वारा प्रशासन, व्यापार आदि विषयों में पूर्वी पाकिस्तान, उत्तर भारतीय और पश्चिम पाकिस्तानी उर्दू भाषियों के शासन और शोषण का उपनिवेश बन जायेगा जैसा अंग्रेज़ी भाषा के द्वारा अंग्रज़ों के शासन और शोषण का उपनिवेश भारत बना था।"

'सौगात' के नवम्बर-दिसम्बर, 47 अंक में काजी मोताहार हुसैन ने 'राष्ट्रभाषा और पूर्वी पाकिस्तान की भाषा समस्या' शीर्षक से एक निबन्ध लिखा। उन्होंने लिखा–"वर्तमान समय में यदि बलपूर्वक उर्दू को पूर्वी पाकिस्तान की बांग्ला भाषी हिन्दू मुसलमान जनता के ऊपर राष्ट्रभाषा के रूप में थोपने की कोशिश की गयी तो वह कोशिश व्यर्थ हो जायेगी। कारण इससे उभरे असन्तोष को ज़्यादा दिनों तक

रोकना सम्भव नहीं हो सकेगा। पूर्व और पश्चिम के सम्बन्धों के टूटने की आशंका भी इससे बनी रहेगी।"

भारत विभाजन और पाकिस्तान की स्थापना के साथ ही अपनी मातृ-भाषा के पक्ष में पूर्वी पाकिस्तान की जनता की आवाज़ उठने लगी थी। उसी समय सन् 1948 के मार्च महीने में जिन्नाह ढाका आये। रेसकोर्स मैदान में पूर्वी पाकिस्तान की जनता को सम्बोधित करते हुए उन्होंने स्पष्ट शब्दों में कहा–'पाकिस्तान की एकमात्र राष्ट्रभाषा उर्दू होगी। उर्दू को ही पाकिस्तान की केन्द्रीय और प्रादेशिक राष्ट्रभाषा का दर्जा मिलेगा। सम्पूर्ण पाकिस्तान में शिक्षा के माध्यम के रूप में उर्दू ही अनिवार्य होगी।'

सरकारी स्तर पर उर्दू को राष्ट्रभाषा घोषित किये जाने से काफ़ी पहले लेखक वर्ग ने उसके आशंकित दुष्परिणामों के बारे में लिखना शुरू कर दिया था, जिससे प्रभावित होकर आम जनता और विशेषकर छात्र-युवा वर्ग ने अपनी मातृभाषा के पक्ष में ज़ोरदार आवाज़ उठायी थी।

भाषा की समस्या ने पूर्वी पाकिस्तान के लोगों को तब चौंका दिया जब उन्होंने देखा कि आज़ादी प्राप्त करने के बाद अंग्रेज़ और अधिकांश हिन्दू सरकारी कर्मचारी बांग्लादेश छोड़कर चले गये तो उन रिक्त पदों पर उर्दू भाषी पाकिस्तानियों को भर दिया गया। उन पाकिस्तानी कर्मचारियों के आचरण में श्रेष्ठता का एक भाव भी दीखने लगा। उससे पूर्वी पाकिस्तान के बांग्लाभाषी लोगों में यह धारणा बन गयी कि उर्दू को सामने लाकर अपने ही देश में उन्हें सरकारी पदों के लिए अयोग्य बनाकर उनका हक़ छीन लिया गया है। सरकारी नौकरियों से वंचित होने की आशंका और आक्रोश ने बांग्लादेश के सभी पढ़े-लिखे लोगों को उर्दू के ख़िलाफ़ संगठित कर दिया।

सन् 1951 की पाकिस्तान की जनगणना पर एक नज़र डालना इस सन्दर्भ में अनिवार्य हो जाता है। 1951 की जनगणना के आधार पर संयुक्त पाकिस्तान के विभिन्न भाषा-भाषी लोगों का प्रतिशत इस प्रकार था–बांग्ला–54.6, पंजाबी–28.4, उर्दू–7.2, सिन्धी–5.8, पश्तो–7.1, अंग्रेज़ी–1.8। अनेक लोगों ने अपने को द्विभाषी बताया था इसलिए कुल योग सौ से ज़्यादा होता है। (भाषा आन्दोलन का आदि पर्व–अब्दुल हक, पृष्ठ 55)

9. राष्ट्रभाषा संग्राम परिषद, सर्वदलीय राष्ट्रभाषा संग्राम परिषद, जन आज़ादी लीग, तमहुन मजलिस आदि अनेक संगठनों द्वारा 'पूर्वी पाकिस्तान के लिए राष्ट्रभाषा बांग्ला' के समर्थन में 11 मार्च 1949 के दिन पहली बार देशव्यापी राष्ट्रभाषा दिवस मनाया गया। वह क्रम 1950 और 1951 में भी जारी रहा। 1952 के 26 जनवरी के दिन मुस्लिम लीग के ढाका अधिवेशन में अध्यक्ष नजीमुद्दीन ने फिर यह घोषणा की कि 'उर्दू ही पाकिस्तान की एकमात्र राष्ट्रभाषा रहेगी' तो उस वर्ष 21 फ़रवरी को ही राष्ट्रभाषा दिवस मनाने का निर्णय लिया गया।

21 फ़रवरी के दिन राष्ट्रभाषा बांग्ला के समर्थन में छात्रों ने ढाका में शान्ति जुलूस निकाला। पुलिस ने प्रशासन के बहकावे में आकर उस जुलूस पर गोली चला दी। फलस्वरूप अनेक छात्र और नागरिक हताहत हुए। 22 फ़रवरी को गोली चालन के विरोध में छात्रों ने फिर जुलूस निकाला। पुलिस ने उस प्रतिवाद जुलूस पर भी अन्धाधुन्ध गोलियाँ चलायीं। जिससे उस दिन भी अनेक लोग हताहत हुए। 23 फ़रवरी को मृतकों की याद में एक शहीद मीनार आनन-फानन में बनायी गयी और 24 फ़रवरी की सुबह उसका उद्घाटन किया गया। हालाँकि 23 फ़रवरी की रात में पुलिस ने शहीद मीनार को ध्वस्त कर दिया था। परन्तु शहीद मीनार के निर्माण में और अन्य प्रतिरोधी कार्यक्रमों में आम जनता ने जिस तरह बढ़कर हिस्सा लिया उससे जनता का तीव्र आक्रोश खुलकर सामने आ गया।

ढाका के गोली चालन के विरोध में सम्पूर्ण बांग्लादेश में प्रदर्शनादि हुए। उसके बाद जैसे-जैसे समय बीतता गया 21 फ़रवरी का 'शहीद दिवस' बांग्लादेश की जातीय आकांक्षा के दिवस के रूप में विकसित होता गया।

मार्च 1954 के राष्ट्रीय आमचुनाव को ध्यान में रखते हुए 1954 का शहीद दिवस व्यापक रूप से मनाया गया। सम्पूर्ण पूर्वी पाकिस्तान में शहीद दिवस का ज्वार फैल गया। चुनाव मार्च महीने में ही हुए और उस चुनाव में मुस्लिम लीग पार्टी का पूर्वी पाकिस्तान से सफाया हो गया। जनता की आशा-आकांक्षा की पार्टी 'संयुक्त मोर्चा' बहुत बड़े जनसमर्थन के साथ विजयी हुई।

संयुक्त मोर्चा सरकार ने 21 फ़रवरी के शहीद दिवस को पूर्ण राष्ट्रीय सम्मान देते हुए उस दिन सार्वजनिक छुट्टी की घोषणा कर दी। परन्तु व्यापक जनसमर्थन के बावजूद मोर्चा सरकार को ज़्यादा दिनों तक सत्ता में बने रहने नहीं दिया गया। 29 मई 1954 के दिन संयुक्त मोर्चा सरकार को बर्खास्त कर पूर्वी पाकिस्तान में केन्द्रीय शासन लागू कर दिया गया। 21 फ़रवरी की छुट्टी रद्द कर दी गयी और फ़रवरी महीने में किसी भी प्रकार के आयोजन पर प्रतिबन्ध लगा दिया गया।

1955 से '58 तक पूर्वी पाकिस्तान में एक अराजकता की स्थिति बनी रही। राजनैतिक अस्थिरता के कारण राष्ट्रपति इसकन्दर मिर्ज़ा ने 7 अक्टूबर 1958 के दिन देश में राष्ट्रपति शासन जारी कर दिया। उसके बीस दिन बाद यानी 27 अक्तूबर के दिन सेनाध्यक्ष अयूब ख़ान ने सैनिक क्रान्ति के माध्यम से पाकिस्तान की सत्ता पर क़ब्ज़ा जमा लिया। अयूब ख़ान के शासन काल में सम्पूर्ण बंगाली जाति पर प्रशासनिक दबाव काफ़ी बढ़ गया। भाषा और संस्कृति के आन्दोलनों को डंडे के ज़ोर पर दबाने की कोशिश की गयी। उसका सामयिक प्रभाव भी पड़ा। बांग्ला संस्कृति से सम्बन्धित अनेक आचार-अनुष्ठान बन्द हो गये। रवीन्द्रनाथ के पठन-पाठन पर

प्रतिबन्ध लगे। रोमन-लिपि में बांग्ला लिखने का सरकारी सुझाव आया। परन्तु जनता ने अयूब ख़ान के प्रस्ताव को स्वीकार नहीं किया। फिर इसलामी संस्कृति की भाषा अरबी में बांग्ला लिखने और बांग्ला-उर्दू को मिलाकर एक नयी भाषा के निर्माण का सुझाव भी दिया गया। जनता ने उसे भी अस्वीकार कर दिया।

1960 से पुनः हालात बदलने लगे। सैनिक तानाशाही की उपेक्षा करते हुए लोग फिर संगठित होने लगे। भाषा आन्दोलन पुनः ज़ोर पकड़ता गया। विश्वविद्यालय के अध्यापक और प्रशासनिक नागरिक अधिकारी और कर्मचारी भी अब भाषा आन्दोलन में भाग लेने लगे।

1962 के 18 जून को सैनिक शासन समाप्त कर नया संविधान लागू किया गया। फलस्वरूप 1963 का शहीद दिवस स्वाभाविक कारणों से ही राष्ट्रव्यापी एक विशाल आयोजन के रूप में सामने आया। आम लोगों की विराट भागीदारी ने उस आयोजन को पूर्वी पाकिस्तान का सबसे महत्त्वपूर्ण राष्ट्रीय आयोजन बना दिया। फिर, शहीद दिवस के माध्यम से सम्पूर्ण पूर्वी पाकिस्तान में सांस्कृतिक-वैचारिक और राजनीतिक आन्दोलनों का सिलसिला चल पड़ा।

10. शहीद दिवस के लगातार आयोजनों ने जनता की मुक्ति की आकांक्षा को इतना प्रबल बना दिया था कि सेना और प्रशासन की बर्बरता का भय लोगों के मन से मिट चला था। जहाँ-तहाँ प्रत्यक्ष खण्ड युद्ध होने लगे थे और मृत्यु की उपेक्षा कर लोग मुक्ति की आवाज़ बुलन्द करने लगे थे। प्रशासन और पुलिस के लोग भी उससे प्रभावित हो रहे थे।

1971 के 25 मार्च के दिन चट्टग्राम के बंगाल रेजिमेंट के सभी जवानों को अपने-अपने हथियार जमा कर देने का आदेश दिया गया। सेना के सभी बंगाली अधिकारियों को, जो सैनिक-छावनी से बाहर रहते थे, यह सुझाव दिया गया कि वे छावनी के वी.आई.पी. आवासों में सपरिवार स्थान ले लें। जनता के उग्र प्रदर्शनों को देखते हुए जवानों और अधिकारियों की सुरक्षा के लिए उसे सबसे ज़रूरी क़दम बताया गया। कहना न होगा, सभी आदेशों और सुझावों का पालन सैनिक तत्परता से किया गया।

25 मार्च 1971 की मध्यरात्रि में चट्टग्राम की निरस्त्र बंगाल रेजिमेंट जब गहरी नींद में डूबी थी, तो उस समय 20 नम्बर बलूच रेजिमेंट ने अचानक उन पर हमला कर दिया। सुनियोजित ढंग से एकत्रित सभी हथियारों को अनायास क़ब्ज़े में लिया गया और निहत्थे जवानों एवं बेख़बर अधिकारियों और उनके मासूम परिवार जनों की नृशंस हत्या कर दी गयी। चट्टग्राम छावनी के निहत्थे बंगाली सैनिकों की जनहत्या, विश्वासघात की ऐसी अमानवीय घटना थी जिसने सम्पूर्ण पूर्वी पाकिस्तान की जनता

के हृदय में चाहे वह नागरिक हो या सैनिक, प्रतिशोध की अग्नि प्रज्वलित कर दी।

1952 का रक्तरंजित बांग्लादेश का भाषा-आन्दोलन 1971 में आकर सशस्त्र राष्ट्रीय मुक्तियुद्ध में परिवर्तित हो गया। बांग्लादेश का सशस्त्र मुक्तियुद्ध नौ मास तक चलता रहा। उस काल में सम्पूर्ण बांग्लादेश को निर्यातन और अत्याचार के जिस भयावह दौर से गुज़रना पड़ा उसकी कल्पना तक सभ्य समाज नहीं कर सकता। भारतीय मित्र सेना की मदद से बांग्लादेश का मुक्तियुद्ध 16 दिसम्बर 1971 के दिन स्वाधीनता प्राप्ति के साथ समाप्त हुआ। उस दिन बांग्लादेश एक स्वतन्त्र सार्वभौम राष्ट्र के रूप में उदित हुआ।

11. सन् 1926 में ढाका विश्वविद्यालय में काजी अब्दुल उदूद और अबुल हुसैन के प्रयासों से 'मुस्लिम साहित्य समाज' नाम से एक साहित्यिक सांस्कृतिक संस्था का जन्म हुआ। उस संस्था ने जो कार्यक्रम अपनाया वह था, 'बौद्धिक-मुक्ति आन्दोलन'। साहित्य चर्चा के साथ-साथ शिक्षित मुसलमानों के सामाजिक दायित्व को जगाने का कार्य भी संस्था करती थी। संस्था 'शिखा' नाम से एक पत्रिका का प्रकाशन भी करती थी, जिसके मुखपृष्ठ पर लिखा होता था—'ज्ञान जहाँ सीमाओं में बँधा हो, बुद्धि जहाँ कुण्ठित हो, वहाँ मुक्ति असम्भव है।'

रक्षणशील मुस्लिम समाज ने संस्था को अच्छी नज़र से नहीं देखा था। पुराने लोगों ने जहाँ उसका विरोध किया वहीं छात्रों और युवाओं का भरपूर समर्थन संस्था को मिला। वह संस्था दस वर्षों तक कार्य करती रही। अपने कार्यों से 'मुस्लिम साहित्य समाज' ने युवा वर्ग को काफ़ी प्रभावित किया।

1926 के आरम्भ 'बौद्धिक-मुक्ति आन्दोलन' पाकिस्तानी काल में 'भाषा-आन्दोलन' के रूप में जीवित रहा। 1925 की 21 फ़रवरी के शहीद दिवस के माध्यम से वह राष्ट्रीय जन-आकांक्षा में परिवर्तित हुआ। बौद्धिक-मुक्ति आन्दोलन की पूर्णता 1971 में आज़ादी की प्राप्ति से हुई।

यद्यपि बांग्लादेश का उदय 16 दिसम्बर 1971 के दिन हुआ फिर भी, उसकी साहित्यिक, सांस्कृतिक प्रस्तुति को काफ़ी पीछे से लक्ष्य किया जा सकता है।

बीस के दशक में बांग्ला कविता के केन्द्र में थे रवीन्द्रनाथ। तत्कालीन बांग्ला के अधिकांश कवियों पर या तो रवीन्द्रनाथ का प्रत्यक्ष प्रभाव था या वे अपनी स्वतन्त्र पहचान बनाने में असमर्थ थे। उसी समय नजरूल इसलाम का उदय हुआ। नजरूल का काव्यलोक रवीन्द्रनाथ से भिन्न ही नहीं था उसने रवीन्द्रनाथ के एकाधिकार को बहुत बड़ी चुनौती भी दी थी।

नजरूल से पहले बांग्ला कविता के क्षेत्र में किसी मुस्लिम कवि को उतनी

प्रतिष्ठा नहीं मिली थी। अतः कुछ विचारक यह मानकर चलते हैं कि नजरूल इसलाम के माध्यम से ही मुस्लिम मानस आधुनिक बांग्ला कविता में प्रभावशाली ढंग से प्रकट हुआ। नजरूल से पहले ग़ुलाम मुस्तफा और सहादत हुसैन ने बांग्ला कविता में अपनी पहचान बनायी थी परन्तु आधुनिक जीवन से एकात्म होकर उनकी कविताएँ सार्वजनिक नहीं हो पायी थीं।

तीस के दशक में कविता का मुख्य केन्द्र कलकत्ता था जहाँ नजरूल स्वयं सक्रिय थे। ढाका में उस समय जो कवि अपनी स्वतन्त्र पहचान बना रहे थे उनमें प्रमुख थे जसीमुद्दीन और अब्दुल कादिर। उन कवियों पर रवीन्द्रनाथ या नजरूल इसलाम की कविताओं का प्रभाव नहीं था। जसीमुद्दीन की कविताओं में ग्राम-बांग्ला के उपादान बहुत ज़्यादा व्यवहृत हुए। परन्तु वे लोक-कवि नहीं थे। मध्यकाल से ही बांग्ला में स्तुतिकाव्य की जो परम्परा थी वे उसी के वाहक थे। जसीमुद्दीन की श्रेणी के अन्य महत्त्वपूर्ण कवि थे बन्देअली मियाँ, रोशन इजदानी आदि। जसीमुद्दीन के विपरीत ध्रुव के कवि थे अब्दुल कादिर, जिन्होंने गीत-कविताओं के क्षेत्र में ज़्यादा काम किया।

तीस के दशक के कवियों में एक वर्ग क्रान्तिधर्मी कवियों का भी था। उन कवियों ने नजरूल इसलाम की क्रान्ति और जागरण मूलक काव्यधारा को आगे बढ़ाया। उनमें प्रमुख थे—बेनज़ीर अहमद, महीउद्दीन, ख़ान मोहम्मद, मोइनुद्दीन आदि। उन कवियों ने कविता को संघर्ष की प्रेरणा शक्ति के रूप में अपनाया था। बेनजीर अहमद स्वाधीनता आन्दोलन में उग्रवादी थे, महीउद्दीन मज़दूर आन्दोलन से जुड़े हुए थे और मोइनुद्दीन एक खोजी पत्रकार थे। उन्हीं कवियों ने चालीस के दशक के समाजवादी कवियों के लिए ज़मीन तैयार की थी।

रवीन्द्रनाथ और नजरूल इसलाम के प्रभाव से मुक्त होकर बांग्लादेश की कविता का स्वतन्त्र रूप चालीस के दशक में उभरा। उस दशक के महत्त्वपूर्ण कवि अबुल हुसैन, सैयद अली अहसन, अहसन हबीब, सनाउल हक आदि हुए।

चालीस का दशक बांग्लादेश ही नहीं सम्पूर्ण विश्व के लिए उत्तेजना और अस्थिरता का दशक था। द्वितीय विश्वयुद्ध, भुखमरी, साम्प्रदायिक दंगा, देश विभाजन आदि ने बुरी तरह बांग्लादेश को प्रभावित किया। साथ-साथ मुस्लिम मानस के स्वाभिमान का संघर्ष भी जारी रहा। इन विषयों ने चालीस के कवियों को ज़्यादा से ज़्यादा समाजोन्मुखी बनाया। फलस्वरूप समाजवादी चिन्तन से ओत-प्रोत अनेक कवि एक साथ उभरे। उस दशक के सबसे प्रखर कवि के रूप में सिकन्दर अबुजफर सामने आये।

चालीस के दशक की कविता की दूसरी धारा थी–इसलाम चेतना। फारूख अहमद, सैयद अली अहसन आदि ने आरम्भिक काल में और मुफक्खरूल इसलाम, सैयद अली अशरफ आदि ने मुख्यतः उसी धारा में कविताएँ लिखीं। इसलामी धारा की कविताओं का विकास यद्यपि नजरूल इसलाम की इसलामी चेतना की कविताओं से होता है परन्तु उस धारा के अधिकांश कवि उर्दू के मुहम्मद इक़बाल से ही ज़्यादा प्रभावित लगते हैं। इसलामी चेतना की अनेक कविताएँ बांग्ला में लिखी जाने के बावजूद उर्दू जैसी उच्चकोटि की धर्माधारित कविताएँ बांग्ला में नहीं लिखी गयीं।

पचास के दशक के कवियों को आन्दोलन के कवि के रूप में चिह्नित किया जा सकता है। भाषा-आन्दोलन की जो शुरुआत 1948 में होती है 1952 तक वह पराकाष्ठा पर पहुँच जाती है। 21 फ़रवरी की रक्तरंजित घटना ने बांग्लादेश की कविता को सबसे ज़्यादा प्रभावित किया है। समकालीन प्रवीण नवीन समस्त कवियों ने उस विषय पर अनेक कविताएँ लिखी हैं। पाकिस्तानी मोह और इसलामी चेतना का आवेश उस दशक में पूरी तरह उतर गया और स्वतन्त्र जाति, भाषा और संस्कृति से जुड़ी आकांक्षाएँ नये तेवर के साथ प्रकट हुईं। समय, स्वदेश और यथार्थ से जुड़े जो कवि उस समय सक्रिय थे उनमें प्रमुख हैं–अब्दुल गनी हज़ारी, सैयद नुरुद्दीन, अशरफ सिद्दीकी, अब्दुर रशीद ख़ान, हबीबुर रहमान, अताऊर रहमान आदि। इन कवियों से अलग कवियों की एक ऐसी श्रेणी भी जो समय, स्वदेश और यथार्थ से गहरे जुड़े रहने के बावजूद प्रेम और निसर्ग को भी स्वीकारते हुए चल रहे थे। प्रकृति और प्रेम के सामंजस्य से आधुनिक दृष्टि सम्पन्न उनकी रचनाओं ने बांग्लादेश की कविता को काफ़ी पूर्ण किया। उस दौर के कवियों में–शमसुर रहमान, अल महमूद, हसन हफीजुर रहमान, अब्दुसत्तार, अबुजफर ओबायदुल्लाह, जिलूर रहमान सिद्दीकी, अजीजुल हक़, अलाउद्दीन अल आज़ाद, अबुहिना मुस्तफा कमाल, कयसुल हक़, फजल सहाबुद्दीन, सैयद शमसुल हक़, शहीद कादरी, सईद अतिकुल्लाह, मोहम्मद मनीरुज्जमान, जिया हयदर आदि प्रमुख हैं।

पचास के दशक के कवियों ने बांग्लादेश की कविता को काफ़ी ऊँचाई दी। उसी धारा से बढ़ते हुए साठ के दशक के कवियों ने व्यक्तिगत आकांक्षा की बात कविता में जोड़ी और समय, स्वदेश की पृष्ठभूमि में अपनी उपलब्धियों को जाँचा-परखा। उसके परिणामस्वरूप साठ के दशक की कविताओं में निराशा, अविश्वास, क्रोध, मोहभंग, यौनता जैसे विषय भी खुलकर आये यानी पचास के दशक की सामाजिक चेतना ने साठ के दशक में आकर व्यक्तिगत चेतना का रूप ले लिया।

साठ के दशक की कविताओं में सबसे महत्त्वपूर्ण जो बात दीखती है वह है मानस का आक्रोश और सामाजिक परिवर्तन के लिए छटपटाहट। उस दौर के महत्त्वपूर्ण कवियों में—अब्दुल्लाह अबु सईद, अबुल हसन, रफीक आज़ाद, हुमायुन कबीर, शाहजहान हफीज, असाद चौधरी, जीनत रफीक, रूबी रहमान, अफजल चौधरी, अरुणाभ सरकार, महादेव साहा, मुस्तफा अनवर, अबु कयसर, निर्मलेन्दु गुण, मोहम्मद नुरूल हुदा, अलताफ हुसैन, फरहाद मजहर, बेलाल चौधरी, सुरइया ख़ानम, मासुक चौधरी आदि हैं।

अबुल हसन और हुमायुन कबीर ज़्यादा दिन तक जीवित नहीं रहे। परन्तु अपने छोटे से काव्यकाल में ही उन्होंने बांग्लादेश की कविता पर अमिट छाप छोड़ी।

सत्तर का दशक बांग्लादेश की कविता का आत्माविष्कार का दशक है। 1971 के मार्च महीने से सम्पूर्ण बांग्लादेश में मुक्तियुद्ध की आग लगी रही। वह युद्ध नौ मास तक चलता रहा और दिसम्बर महीने में स्वतन्त्रता प्राप्ति के साथ ख़त्म हुआ। नौ मास व्यापी मुक्तियुद्ध ने बांग्लादेश के समस्त रचनाकारों को किसी न किसी रूप में प्रभावित किया। दमन, पीड़न, अपमान, निर्यातन और साथ ही मुक्ति की आकांक्षा, संघर्ष, आक्रोश, प्राणोत्सर्ग स्वाधीनता प्राप्ति का आनन्द ये कविता के जीवन्त विषय बने। बांग्लादेश के कवियों की सभी पीढ़ियाँ इस दशक में जीवन के नये स्पर्श से सक्रिय हो उठीं। सत्तर दशक के पूर्वार्द्ध में प्रकृति और प्रेम विषयक कविताएँ नहीं के बराबर लिखी गयीं और कविता का मूल स्वर मुक्तियुद्ध की लोमहर्षक स्मृति, स्वदेश प्रेम और राष्ट्र निर्माण की आकांक्षा रहा। सत्तर दशक के उत्तरार्द्ध में कविता के तेवर में कुछ परिवर्तन दिखे। आज़ादी की उपलब्धियों से जनता के वंचित रहने पर कवियों ने निराशा और क्षोभ को भाषा दी। यह क्षोभ प्रशासन और राष्ट्र व्यवस्था के ख़िलाफ़ था।

सत्तर दशक के महत्त्वपूर्ण कवियों में—दाऊद हयदर, ख़ान मोहम्मद फराबी, जाहिद हयदर, रुद्र मुहम्मद शहीदुल्लाह, सिहाब सरकार, हबीबुल्लाह सिराजी, नुरुल खुशरू, फारूख महमूद, मुजीबुल हक़, कबीर, मयूख चौधरी, मोहन रायहन, नासिमा सुलताना, हसन हफीज, महबूब ख़ान आदि हैं।

बांग्लादेश की स्वाधीनता के बाद जो राजनीतिक-सामाजिक पट परिवर्तन हुए और उनके परिणामस्वरूप राजनीतिक-सामाजिक और आर्थिक मूल्यों में जो परिवर्तन आये उन्हें उत्साहवर्द्धक नहीं कहा जा सकता। अस्सी के दशक की कविता में मूल्यहीनता एक महत्त्वपूर्ण विषय है। परन्तु इस दौर के अनेक कवि प्रकृति और प्रेम की उपासना को ही प्रधानता दे रहे हैं। इस दशक में कविता की दो अलग-अलग

और स्पष्ट धाराएँ साफ़-साफ़ दीखती हैं, एक है संघर्षशील जनमुखी धारा और दूसरी है निर्लिप्त आत्मकेन्द्रित। दूसरी धारा राष्ट्र-समाज व्यवस्था से प्रभावित समझौतावादी धारा ज़्यादा लगती है। दूसरे शब्दों में यह भी कहा जा सकता है कि अस्सी के दशक में आकर बांग्लादेश की कविता व्यवस्था विरोधी और व्यवस्थामुखी दो अलग-अलग और स्पष्ट धाराओं में बँट गयी है। काजल शाहनवाज, खादेम हाफिज, रिफात चौधरी आदि इस दौर में अपनी पहचान बना रहे हैं। परन्तु नयी पीढ़ी के जो कवि आज सक्रिय हैं उनकी यथार्थ पहचान के लिए अभी कुछ समय तक प्रतीक्षा करनी पड़ेगी।

बांग्ला कविता की विराट परम्परा से एकात्म होते हुए बांग्लादेश की कविता ने सफलतापूर्वक अपनी अलग पहचान बनायी है, यह उसकी विशिष्टता है।

—अमिताभ चक्रवर्ती

अनुवादक की टिप्पणी

अन्य भाषाओं के साहित्य का अनुवाद हिन्दी में इन दिनों ज़्यादा हो रहा है। ऐसी स्थिति आज से पन्द्रह वर्ष पहले नहीं थी। इस स्थिति पर चिन्ता प्रकट करते हुए कुछ विद्वान यह कह रहे हैं कि हिन्दी के मौलिक लेखन पर इसका प्रतिकूल प्रभाव पड़ रहा है। किन्तु, उनकी यह धारणा ग़लत है।

यूरोप में एक बहुल प्रचारित पत्रिका है एम.पी.टी.। एम.पी.टी. संक्षिप्त नाम है। पत्रिका का सही नाम है मॉडर्न पोयट्री इन ट्रांसलेशन। मॉडर्न पोयट्री इन ट्रांसलेशन को यूरोप के कविता प्रेमी आत्मीयता से एम.पी.टी. कहते हैं। एम.पी.टी. के सम्पादक समकालीन अंग्रेज़ी कवि और प्रसिद्ध अनुवादक डैनियल वाइजबोर्ट से उनके भारत भ्रमण के दौरान जब यह पूछा गया था, कि अंग्रेज़ी कवियों की वर्तमान पीढ़ी क्या ऐसा कुछ लिख रही है जो अपनी विशिष्टता के कारण सहज ही ध्यानाकर्षित करता हो, तो लम्बी चुप्पी के बाद उन्होंने छोटा-सा उत्तर दिया था—नहीं। फिर अपनी बात जारी रखते हुए कहा था—अंग्रेज़ी भाषा में इस समय विश्व की सभी भाषाओं की समकालीन कविताएँ अनूदित होकर आ रही हैं और इसके फलस्वरूप यूरोप के पाठक विश्व चेतना से जुड़े हुए हैं। यह अंग्रेज़ी भाषा और साहित्य की विराट उपलब्धि है।

हिन्दी भारत की प्रतिनिधि भाषा है। हिन्दी में अन्य भाषाओं के साहित्य का अनुवाद होगा तो उसके परिणामस्वरूप हिन्दी के पाठक विश्वमानव की सोच से जुड़ेंगे जो हिन्दी की राष्ट्रीय-अन्तरराष्ट्रीय भूमिका को सबल बनाने में अन्ततः सहायक सिद्ध होगा। यह बात अन्य भाषाओं के लिए भी उतनी ही सही है।

पिछले दिनों छपी बांग्ला कविता (भारतीय) की एक पुस्तिका को पढ़कर एक पाठक ने मत दिया था कि समकालीन बांग्ला कविता की हालत बहुत दयनीय है और शायद यही कारण है कि बंगाली-मानस ने रवीन्द्रनाथ के बाद किसी और कवि को उस तरह नहीं स्वीकारा है। यहाँ इस बात पर ग़ौर किया जाना चाहिए कि पाठक ने यह धारणा बांग्ला कविता के हिन्दी अनुवाद पढ़कर ही बनायी है।

भाषा मनुष्य की भावनाओं को अभिव्यक्त करने का माध्यम है। लेकिन भाषा द्वारा मनुष्य की भावनाएँ पूरी तरह व्यक्त हो सकती हैं, इसमें सन्देह है। अपनी भावनाओं को व्यक्त करने के लिए कभी-कभी लोग अपनी ही भाषा में जब उपयुक्त शब्द नहीं पाते तो अन्य भाषा के शब्दों का प्रयोग करते हैं या अपनी भाषा के समान अर्थवाले अन्य शब्दों से काम चला लेते हैं। भाषा की सीमा और समृद्धि का प्रश्न यहीं से उठता है।

मानव समाज में जहाँ हर दो कोस पर भाषा बदलती नज़र आती है, वहाँ विश्व में कुल कितनी भाषाएँ प्रचलित हैं उसका हिसाब थोड़ा कठिन है। किसी भी आदमी के लिए विश्व की सारी भाषाएँ सीख लेना कल्पना से भी परे है। अतः आदमी के भाषाज्ञान की सीमितता के कारण उसे अनुवाद पर निर्भर रहना पड़ता है। आधुनिक विश्व में अनुवाद की अनिवार्यता को इसीलिए स्वीकारा गया है। कोई भी जाति केवल अपनी भाषा और शास्त्र चर्चा तक सीमित रहकर कूपमण्डूक नहीं बनना चाहेगी। अतएव अनुवाद अनिवार्य है और साथ ही अनुवाद की विश्वसनीयता या प्रामाणिकता भी अनिवार्य है। अन्यथा अनूदित भाषा की रचना और रचनाकार के प्रति ग़लत धारणा बनने की आशंका रह जाती है।

एक भाषा की रचना का दूसरी भाषा में पूर्णांग अनुवाद सम्भव नहीं है। भाषा की अपनी विशिष्टता के कारण ही ऐसा सम्भव नहीं है। यदि किसी रचना का अनुवाद एक भाषा से दूसरी भाषा में, फिर दूसरी से तीसरी में, तीसरी से चौथी में और चौथी से पुनः पहली भाषा में किया जाय तो चारों भाषाओं की अपनी विशिष्टताओं के कारण उस रचना की अपनी मूल भाषा पुनः वापसी पर मूल रचना की जगह मिलती-जुलती एक दूसरी रचना की वापसी की सम्भावना ही ज़्यादा रहती है। इससे अनुवाद कार्य की जटिलता को समझा जा सकता है। प्रत्येक भाषा की अपनी शब्द-सम्पदा होती है जो उस भाषा विशेष के बोलनेवालों के जीवन, संस्कृति, आचार, विचार आदि से जुड़कर अपना अर्थ निर्धारित करती है। प्रत्येक जाति की अपनी जीवन शैली होती है जहाँ से उसके मुहावरे, लोकोक्ति, वाक्यांश आदि निकलते हैं। इनके अनुवाद सम्भव नहीं हैं क्योंकि ये विषय पूरी तरह किसी जाति विशेष के जीवन के अंग हैं। इनकी यथार्थ समझ के लिए मूल वाक्यांश को अनुवाद में हूबहू रखकर फुटनोट दिये जाने की एक परम्परा है। लेकिन इससे रचना पाठ में ज़बरदस्त बाधा उत्पन्न होती है। और तब उसे अनुवाद भी तो नहीं कहा जा सकता है। किसी भाषा के शब्दों और वाक्यांशों को उसी रूप में अपनी भाषा में स्वीकार लिये जाने की बात दूसरी है, लेकिन यह भी धीरे-धीरे और लगातार प्रयोग द्वारा ही सम्भव है। एक अन्य समस्या है—पेड़, पौधे, चिड़ियाँ, कीट, पतंग, अन्न, भोजन के नामों आदि को लेकर, जो

एक प्रदेश में है तो दूसरे में नहीं। यहाँ भी मूल शब्दों के हूबहू प्रयोग से कुछ अर्थ नहीं निकलते। इन परिस्थितियों में देशज मुहावरे और नामों का सुविधानुसार प्रयोग ही ज़्यादा उचित लगता है।

अनुवाद के लिए भाषाज्ञान ही नहीं अनुवादक की अपनी स्थिति भी महत्त्वपूर्ण है। यदि अनुवादक स्वयं कवि नहीं है तो उसका काव्यानुवाद सुखदायक नहीं भी हो सकता है। अपनी रचना प्रक्रिया के कारण ही कविता का अनुवाद कहानी-उपन्यास के अनुवाद की अपेक्षा ज़्यादा कठिन है।

हिन्दी में अन्य भाषाओं के साहित्य का जितना अनुवाद हुआ है उतना अन्य भाषाओं में हिन्दी साहित्य का अनुवाद नहीं हुआ है। इससे हिन्दी साहित्य की दरिद्रता प्रकट नहीं होती बल्कि यह स्पष्ट होता है कि आगामी दिनों में भारत का प्रतिनिधि साहित्य हिन्दी में ही लिखा जायेगा और तब अन्य भाषाओं में हिन्दी साहित्य का अनुवाद स्वाभाविक कारणों से ही अनिवार्य हो उठेगा।

बांग्लादेश हमारा पड़ोसी देश है। सन् 1947 से पहले यह देश हमारा भी था। भारत के अभिन्न अंग के रूप में इस देश की साहित्य चर्चा को हम बहुत हद तक भारतीय बांग्ला साहित्य के इतिहास से जान सकते हैं। परन्तु एक ही भाषासूत्र में बँधे रहने के बावजूद 1947 के भारत विभाजन के बाद पश्चिम बंगाल और तत्कालीन पूर्वी पाकिस्तान के बीच का सांस्कृतिक बन्धन टूट गया। उसके बाद पूर्वी पाकिस्तान की जो राजनीतिक परिस्थिति रही उससे दोनों भूखण्डों के लोगों के बीच की दूरी और बढ़ी। सांस्कृतिक आदान-प्रदान पूर्णत: बन्द हो गये। दोनों देशों के साहित्य-संस्कृति कर्मियों के लिए एक-दूसरे की गतिविधियों को जानना-समझना कठिन हो गया। पश्चिम बंगाल और बांग्लादेश के साहित्य उसके बाद एक-दूसरे के प्रभाव से मुक्त होकर स्वतन्त्र रूप से विकसित होने लगे। भारतीय बांग्ला से प्रभाव मुक्त होकर बांग्लादेश में साहित्य की जो स्वतन्त्र धारा विकसित हुई यथार्थ में वही बांग्लादेश का आधुनिक साहित्य है।

नजरूल इसलाम के माध्यम से मुस्लिम मानस प्रभावशाली ढंग से आधुनिक बांग्ला साहित्य (अविभाजित) में प्रकट हुआ था। अत: नजरूल इसलाम का प्रभाव बांग्लादेश के साहित्य पर सबसे ज़्यादा पड़ा। उसी समय साहित्य की सभी विधाओं में रवीन्द्रनाथ सूर्य की तरह देदीप्यमान थे। बांग्ला भाषा में साहित्य रचने वाले चाहे एपार बांग्ला के हों या ओपार बांग्ला के, रवीन्द्रनाथ का प्रभाव उन पर अवश्य था। रवीन्द्रनाथ और नजरूल आधुनिक विश्व के दो महान कवि थे। दो महान कवियों से प्रभावित होकर बांग्लादेश में साहित्य की जो धारा बह चली थी वह स्वाभाविक कारणों से ही काव्य प्रधान थी। इसी कारण बांग्लादेश ने कविता के क्षेत्र में जितनी प्रगति की है उतनी साहित्य के अन्य क्षेत्रों में नहीं।

राजनीतिक कारणों से बांग्लादेश की साहित्यिक-सांस्कृतिक गतिविधियों की जानकारी सीमा के इस पार के इस पार लोगों को लम्बे समय तक नहीं थी। स्थिति कमोबेश आज भी वैसी ही है। अत: बांग्लादेश की समकालीन रचनाएँ छिटपुट ढंग से ही भारत में आती हैं। प्रकाशन उद्योग बहुत ज़्यादा विकसित न हो पाने के कारण बांग्लादेश में इतनी बड़ी कोई प्रकाशन संस्था नहीं है जो अपनी पत्र-पत्रिकाएँ अन्तरराष्ट्रीय बाज़ार में सुलभ करा सके। इसके विपरीत भारत की प्रकाशन संस्थाओं के उद्यम से यहाँ की पत्र-पत्रिकाएँ इधर की रचनाओं के साथ बांग्लादेश पहुँच रही हैं।

कभी-कभी विशेष आयोजनों द्वारा बांग्लादेश की पुस्तकों की जो प्रदर्शनियाँ भारत में लगायी जाती हैं वे मुख्यत: कलकत्ते में होती हैं और उन पर सरकारी नियन्त्रण होने के कारण सभी तरह की पुस्तकें प्रदर्शनियों में नहीं आती हैं। इससे यह स्पष्ट है कि बांग्लादेश का साहित्य आम पाठकों को आज भी उपलब्ध नहीं है।

'पहल' के सम्पादक ज्ञानरंजन जी ने अपनी पत्रिका के माध्यम से हिन्दी के पाठकों को बांग्लादेश की कविताएँ उपलब्ध कराने की एक योजना बनायी। कविताओं की एक पुस्तिका जारी करने की उनकी इच्छा थी। उस योजना के अनुसार मुक्तियुद्ध के दौरान बांग्लादेश में लिखी गयी, कुछ कविताएँ जुटायी गयी थीं। बाद में ज्ञान जी ने बांग्लादेश की कविता पर 'पहल' का एक स्वतन्त्र अंक देने का विचार किया ताकि कविताओं को एकांगी बनाने के बजाय, बांग्लादेश की कविता की एक पूरी तस्वीर हिन्दी के पाठकों को दी जा सके। यह अंक उसी का परिणाम है।

कविता के चयन में यह ध्यान रखा गया है कि सभी तरह की कविताएँ इस अंक में आ जायँ। प्रत्येक अंक की तरह इस अंक की भी एक सीमा है। इस अंक के सभी कवि बांग्लादेश के महत्त्वपूर्ण कवियों में हैं। इसका अर्थ यह नहीं है कि बांग्लादेश के सभी महत्त्वपूर्ण कवि इस अंक में आ गये हैं। कई कवि छूट गये हैं। कविताएँ समय पर उपलब्ध न होना ही इसका सबसे बड़ा कारण है। इस अंक में जिन कविताओं को शामिल किया गया है वे उन कवियों की श्रेष्ठ रचनाएँ हैं यह दावा निरर्थक है।

शमसुर रहमान और दाउद हयदर को हमने दो पीढ़ियों के प्रतिनिधि कवियों के रूप में लिया है। शमसुर रहमान समकालीन वरिष्ठ कवि और दाउद हयदर युवा कवि हैं। इनकी रचनाओं से बांग्लादेश के प्रगतिशील काव्यचिन्तन को समझने में मदद मिलेगी।

कविताओं को एक क्रम देने की आवश्यकता समझते हुए हमने इन्हें कवियों की वरीयता के क्रम में रखना ही उचित समझा है।

बांग्लादेश की आधुनिक कविता के जनक हैं नजरूल इसलाम और जसीमुद्दीन। परन्तु इस अंक में नजरूल इसलाम या जसीमुद्दीन की एक भी कविता नहीं है। यह कमी पाठकों को खल सकती है। अत: इसका स्पष्टीकरण ज़रूरी है।

नजरूल इसलाम अविभाजित बांग्ला के प्रमुख कवि थे और भारतीय स्वाधीनता आन्दोलन के अग्रणी योद्धा। नजरूल का रचनाक्षेत्र कलकत्ता था और वे भारतीय मुख्यधारा के साहित्यकार थे। भारतीय बांग्ला साहित्य में काज़ी नज़रुल इसलाम को जो सम्मानजनक स्थान प्राप्त है उसे देखते हुए, नजरूल को विदेशी साहित्यकार का दर्जा देना सम्भव नहीं है। महत्त्वपूर्ण बात यह भी है कि बांग्ला कवियों में रवीन्द्रनाथ और नजरूल की कविताओं के अनुवाद सभी भाषाओं में बहुत ज़्यादा हो चुके हैं।

कवि जसीमुद्दीन की जितनी रचनाएँ हमारे हाथ में आयीं वे सब गीत थीं। इस अंक की कविताओं के अनुरूप उनकी कविताएँ हम जुटा नहीं पाये।

केवल कविताएँ देने से अंक पूरा नहीं होता। इसे ध्यान में रखते हुए कुछ निबन्ध भी दिये जा रहे हैं। अबुहिना मुस्तफा कमाल का लेख बांग्लादेश के साहित्य के विकास की पृष्ठभूमि को रेखांकित करता है।

बीसवीं शताब्दी के अन्तिम चरण में आकर हमारे समाज में काफ़ी जटिलताएँ उत्पन्न हुई हैं। नष्टप्राय बुर्जुआ लोकतन्त्र के अनिवार्य दुष्परिणामों के कारण विकासशील देशों में उत्पन्न हुई सामाजिक व्याधियों को समाजवाद की प्रारम्भिक अवधारणाओं के आधार पर सीधे-सीधे रेखांकित किये जाने पर अनेक तरह की भ्रान्तियाँ रह जाने की आशंका अब है। अवसरवादी बुर्जुआ नेतृत्व के हाथों में साम्यवादी आन्दोलन की ऐसी-तैसी हो गयी है। आज की सामाजिक समस्याओं की वैज्ञानिक व्याख्या और उनके निदान के लिए संगठित लोकतान्त्रिक पहल इन समझौतावादी लोगों के वश में नहीं है। सम्पूर्ण विश्व में साम्यवाद के सामने जो संकट गहराया है और विश्व की साम्राज्यवादी शक्तियों ने एकजुट होकर उसके लिए जो विरोधी वातावरण तैयार किया है उसके परिणामस्वरूप विकासशील देशों के समाजवादी आन्दोलनों को ज़बरदस्त धक्का लगा है। इस चुनौती का सामना करने का मनोबल अवसरवादी नेतृत्व में नहीं है। इसलिए साम्राज्यवादी शक्तियों और उनके दलालों के साथ ये लगातार समझौता कर रहे हैं और समाजवादी लक्ष्य से हटते जा रहे हैं। मेहनतकश वर्ग के हितों के पक्ष में यह कदापि नहीं है। बांग्लादेश के मार्क्सवादी विचारक लेखक बदरुद्दीन उमर विषम परिस्थितियों में भी सभी सामाजिक विषयों पर लगातार लिख रहे हैं। वे अन्तरराष्ट्रीय ख्याति प्राप्त एक वरिष्ठ पत्रकार और मार्क्सवादी दर्शन के गम्भीर अध्येता हैं। इस अंक में बदरुद्दीन उमर के संस्कृति विषयक पाँच लेख हम शामिल कर रहे हैं। इस लेखमाला से विकासशील देशों में समाजवादी आन्दोलन की समस्याओं को समझने में मदद मिलेगी।

—अमिताभ चक्रवर्ती

विलेज रोड हरि मन्दिर,

गोविन्दपुर (धनबाद)

बदरुद्दीन उमर

1. सांस्कृतिक वर्ग संघर्ष

बांग्लादेश के वर्तमान वर्गविभाजित समाज में शोषक-शासक वर्ग, गम्भीर आन्तरिक संकट में उलझकर अब विनाश की स्थिति में खड़ा है। लेकिन इस तरह उनके विनाश की स्थिति में खड़े रहने के बावजूद, मज़दूर-किसान जनता एक क्रान्तिकारी आघात के बग़ैर इस वर्ग का सम्पूर्ण विनाश कदापि सम्भव नहीं है। और जब तक यह क्रान्तिकारी आघात सम्भव नहीं होता, तब तक बांग्लादेश की जनता की कठिनाइयाँ क्रमशः बढ़ेंगी, क़ानून की स्थिति लगातार बिगड़ेगी और अराजकता का वर्तमान दौर चलता रहेगा।

बांग्लादेश का बुर्जुआ शासक वर्ग आज जिस संकट में है, उस संकट ने इस वर्ग को अब तक समाप्त कर दिया होता, यदि साम्राज्यवादी शक्तियाँ इसे टिकाये रखने की सारी व्यवस्था न करतीं। साम्राज्यवादी शक्तियाँ प्रतिवर्ष बहुत बड़ी क़र्ज़ की राशि देकर एक ओर जहाँ सरकार के वार्षिक बजट और विकास कार्यक्रमों के घाटे को पूरा करती हैं, वहीं दूसरी ओर जनता में फूट डालने के लिए प्रतिक्रियाशील अनेक सांस्कृतिक कर्मकाण्ड भी आयोजित कराती हैं। सांस्कृतिक कर्मकाण्ड के आयोजनों के माध्यम से साम्राज्यवादी शक्तियाँ और उनके देशी दलाल सभी सामन्तवादी कुसंस्कारों और ध्यान-धारणाओं को सामने ला रहे हैं और उन्हें पुनर्जीवित कर रहे हैं। धर्म के नाम पर जिन कर्मकाण्डों को वे प्रत्यक्ष या परोक्ष रूप से उत्साहित कर रहे हैं, यह उल्लेखनीय है कि उन्हीं कर्मकाण्डों को धर्म विरोधी कहकर, अनेक धार्मिक लोगों ने उनका विरोध किया है।

मनोरंजन के जितने माध्यम हैं उन पर प्रतिक्रियाशील शक्तियों का एकाधिकार है। इनका संचालन ये सुनियोजित ढंग से कर रहे हैं। सिनेमा, संगीत, यात्रा, पत्र-पत्रिकाओं और रेडियो-दूरदर्शन के माध्यमों से मनोरंजन के नाम पर जनता को जो

कुछ दिया जा रहा है, उससे जनता में विकृत आकांक्षाएँ जन्म ले रही हैं, जो उसकी श्रेणी-चेतना के विकास में बाधक हैं। इसके अनिवार्य परिणामस्वरूप जनता व्यापक रूप से दिग्भ्रमित हो रही है और अपनी मुक्ति के लिए आवश्यक जन-संग्राम को संगठित नहीं कर पा रही है। जनता को इस तरह पीछे धकेल रख पाने से ही देशी और विदेशी शोषकों और शासकों के निहित स्वार्थों की पूर्ति होती है। शोषक वर्ग जानते हैं कि जनता पर शोषण-शासन का क्रम बनाये रखने के लिए उसकी सोच पर नियन्त्रण रखना सबसे पहले ज़रूरी होता है। जनता की सोच पर नियन्त्रण रखने की उनकी शक्ति जिस दिन समाप्त हो जायेगी, उसी दिन उनका वर्ग भी समाप्त हो जायेगा, इस तथ्य को शोषक-शासक वर्ग बहुत अच्छी तरह जानते हैं और इसीलिए एक षड्यन्त्र के तहत सांस्कृतिक कर्मकाण्डों को वे आयोजित करते हैं जो दरअसल आम जनता के ख़िलाफ़ उनके वर्ग संघर्ष का ही एक हिस्सा है।

इस वर्ग संघर्ष के ठीक विपरीत एक संघर्ष शोषक-शासक वर्ग के विभिन्न कर्मकाण्डों का पर्दाफ़ाश करने और उनके असली चरित्र को उद्घाटित करने लिए तथा इस परिस्थिति में आम लोगों का कर्तव्य निर्धारित करने के लिए, एक व्यापक सांस्कृतिक आन्दोलन के रूप में जनता को भी संगठित करना होगा। इसलिए सांस्कृतिक क्षेत्र में अनिवार्य रूप से जनता को अपनी सक्रियता बढ़ानी होगी। शोषक-शासक वर्ग के प्रचार माध्यमों के स्वरूप के पर्दाफ़ाश के साथ ही जनता की सृजनशील शक्तियों को संगठित कर एक नयी प्रगतिशील संस्कृति की बुनियाद रखनी होगी।

यह नयी प्रगतिशील संस्कृति, वर्तमान समाज व्यवस्था को पूरी तरह बदलने के लिए जारी संग्राम का एक हिस्सा होगी। कारण, इसी प्रगतिशील सांस्कृतिक आन्दोलन के द्वारा जनता की सोच को शोषक-शासक वर्ग के नियन्त्रण से मुक्त किया जा सकेगा। शोषक-शासक वर्ग के नियन्त्रण से जनता की सोच को मुक्त करना ही समाज परिवर्तन के संग्राम में सफल होने की पूर्व शर्त है।

2. जनता की संस्कृति के विकास के बाधक तत्त्व

किसी भी वर्गविभाजित समाज में मेहनती जनता की विराट संख्या की श्रमशक्ति के शोषण पर ही शासक वर्ग टिका रहता है। जनता के महत्तम हिस्से पर मुट्ठी भर लोगों का शासन और वर्चस्व ही वर्गविभाजित समाज का चरित्र है। इस तरह के समाज में मेहनती जनता अपनी श्रमशक्ति के द्वारा जो उत्पादन करती है उसका बहुत थोड़ा भाग ही उन्हें मिल पाता है और शेष महत्तम भाग उत्पादन के उपकरणों के मालिकों के हाथों में चला जाता है। ये मालिक स्वयं परिश्रम नहीं करते हैं और पूरी आबादी में इनका प्रतिशत अति नगण्य होता है।

अधिसंख्यक मेहनती जनता के ऊपर श्रम विमुख मुट्ठी भर शोषक वर्ग का शोषण और शासन बिना किसी रुकावट के हमेशा-हमेशा के लिए चलते रहना सम्भव नहीं है। ठीक इसी कारण शोषण और शासन के क्रम को बनाये रखने के लिए ज़रूरी होते हैं शोषक वर्ग द्वारा शक्ति प्रयोग और निर्यातन। मेहनती लोग शोषण से जर्जरित होकर कभी-कभी विद्रोही हो उठते हैं और अपने ऊपर से शोषण को उतार फेंकने के लिए शोषक वर्ग पर आघात करते हैं। इस आघात के प्रतिक्रियास्वरूप शोषक वर्ग विद्रोहियों पर और शक्तिशाली आघात करते हैं, क्योंकि शोषक संगठित होते हैं और उनके पास ज़्यादा घातक हथियार होते हैं। किसी भी वर्ग विभाजित समाज में घात-प्रतिघात की यह प्रक्रिया वर्ग संघर्ष के अन्तर्गत आती है। लेकिन इस तरह के समाज में शोषक वर्ग मेहनती जनता के ऊपर नियन्त्रण बनाये रखने के लिए हमेशा शक्ति प्रयोग ही नहीं करता। इसका मूल कारण यह है कि केवल शक्ति प्रयोग द्वारा ही, आधुनिकतम और घातक हथियारों से सुसज्जित रहने के बावजूद जनता पर अपना नियन्त्रण ज़्यादा दिनों तक बनाये रखना शोषक वर्ग के लिए सम्भव नहीं है। वर्ग विभाजित समाज में अधिसंख्यक और मुट्ठी भर लोग यदि लगातार शक्ति परीक्षण पर उतर आयें तो अधिसंख्यकों के हाथों मुट्ठी भर लोगों की पराजय सुनिश्चित है। इस स्थिति में अधिसंख्यक मेहनती वर्ग की जीत को लम्बे समय तक टाला नहीं जा सकता। लगातार शक्तिपरीक्षण की स्थिति उत्पन्न न हो या उसे काफ़ी लम्बे समय तक टाल दिया जा सके, इसके लिए शासक वर्ग अन्य तरीक़े भी अपनाते हैं। इन तरीक़ों में प्रमुख है जनता की सोच पर नियन्त्रण स्थापित कर लेना। प्राचीन भारत में शोषकवर्ग ने इसके लिए जो सर्वोत्तम तरीक़ा अपनाया था। वह था—जन्मान्तरवाद। इस वाद के अनुसार प्रत्येक मनुष्य के जीवन में अच्छा या बुरा जो कुछ घटित होता है, उसके लिए कोई अन्य नहीं बल्कि वह स्वयं ही उत्तरदायी होता है। दूसरे शब्दों में, इस जीवन में जो कुछ घटता है वह पिछले जन्म के कर्म के आधार पर ही घटता है। इस 'कर्मवाद' के अनुसार शोषण, निर्यातन, अनाचार, अत्याचार आदि के लिए किसी को भी व्यक्तिगत रूप से दोषी नहीं ठहराया जा सकता है। और जब किसी को दोषी नहीं ठहराया जा सकता है तब उसके ख़िलाफ़ कोई संघर्ष या विद्रोह संगठित करने का प्रश्न नहीं उठता है। कोई सामन्त यदि किसी ग़रीब किसान की ज़मीन हड़प लेता है, उसे पीटता है या उसकी औरत को घसीटकर उसके साथ अत्याचार करता है तो ऐसी स्थिति में उस सामन्त पर दोषारोपण नहीं किया जा सकता। और जब सामन्त दोषी नहीं है तब न्याय और दण्ड की बात कहाँ? यहाँ ग़रीब किसान के साथ जो कुछ हुआ वह उसके पिछले जन्म के कर्मों के आधार पर ही हुआ। पिछले जन्म में उसने भी ज़रूर किसी की ज़मीन हड़पी होगी, किसी को पीटा होगा और किसी की

औरत के साथ अत्याचार किया होगा। अतः इस जीवन में जो कुछ घटा वह उसके पिछले जन्म के पापों का प्रायश्चित्त है जिसका प्रतिवाद या विरोध नहीं हो सकता।

'कर्मवाद' के इस तत्त्व का जनता के बीच व्यापक रूप से प्रचार किया जाता रहा जो कालान्तर में जनता के संस्कार में प्रवेश कर गया। इस संस्कार के वशीभूत होने के कारण जनता ने शोषण-पीड़न को नियति का विधान समझा और उसके ख़िलाफ़ आन्दोलन संगठित करने की बात नहीं सोची।

प्राचीन भारत के शोषक वर्ग ने 'कर्मवाद' को जन्म देकर जो चालाकी की थी उससे शोषित वर्ग पर अपना आधिपत्य बनाये रखने में उसे युगों से मदद मिली है। शोषक वर्ग की सृजनशीलता ने इस क्षेत्र में अनेक गुल खिलाये हैं और शोषण के नये-नये वादों का आविष्कार किया है। इन वादों के प्रभाव के कारण शोषित जनता ने शोषण पीड़न को अपने स्वाभाविक प्राप्य के रूप में देखा है और अक्सर अधिसंख्यक लोगों के ऊपर मुट्ठी भर शोषकों के वर्चस्व को बनाये रखने में इन वादो ने मददगार की भूमिका ही निभायी है।

धर्म, दर्शन, संस्कृति और साहित्य को लेकर समाज का जो ऊपरी ढाँचा है वहाँ शोषक वर्ग की चालाकी शुरू से ही परिलक्षित होती है। धर्म, दर्शन, संस्कृति आदि का उपयोग, विभिन्न समयों में समाज के अधिसंख्यक लोगों पर अल्पसंख्यक शोषकों के शोषण और शासन को बनाये रखने के लिए ही ज़्यादा होता आया है। सभी क्षेत्रों में शोषक वर्ग द्वारा सृजित और पालित कुछ संस्कार अधिसंख्यक जनता की सोच और भावना के ऊपर परत डाले रहते हैं जिससे जनता की सृजनशीलता बाधित होती है। इन्हीं कारणों से किसी भी वर्ग विभाजित समाज में मेहनती जनता की सृजनशीलता या आम आदमी की सृजनशील चेतना का सम्पूर्ण विकास कदापि सम्भव नहीं है। इस तरह के समाज में सभ्यता, संस्कृति आदि के जो अर्थ निकलते हैं, वे मुट्ठी भर लोगों द्वारा निर्धारित होते हैं। अतः आबादी के सबसे बड़े हिस्से की सृजनशीलता केवल समाज की आधारभूमि या उत्पादन क्षेत्र तक ही सीमित रह जाती है। समाज के ऊपरी ढाँचे में आम जनता की सृजनशीलता का प्रभाव न पड़े, उस ओर शासक वर्ग की सतर्क दृष्टि रहती है। इसके लिए वे नये-नये उपायों का आविष्कार करते रहते हैं। वस्तुतः धर्म, दर्शन, साहित्य, संस्कृति, राजनीति आदि के क्षेत्रों में शोषक वर्ग की सृजनशीलता का विलक्षण परिचय शोषण के नायाब तरीक़ों के आविष्कार में मिलता है। इसलिए हर युग में शोषक वर्ग का सांस्कृतिक इतिहास उसके शोषण-शासन के इतिहास का अभिन्न अंग है। उसका यह इतिहास व्यापक अर्थ में मानव समाज की सृजनशीलता के रास्ते में बाधाएँ उत्पन्न करने का इतिहास ही है।

आम जनता को शिक्षा से वंचित रखना शोषक वर्ग का एक प्रधान लक्ष्य रहा

है। फ्रांसीसी दार्शनिक 'दिदरो' कहा करते थे कि जो किसान पढ़ना जानता है, उसे ठगना कठिन है। दिदरो से परिचित न रहने के बावजूद बांग्लादेश के ज़मींदारों ने प्राथमिक शिक्षा का विरोध करते हुए जो तर्क दिया था उस पर ध्यान देना ज़रूरी है। उनका कहना था कि प्राथमिक शिक्षा के प्रसार के परिणामस्वरूप–

(i) धूप-हवा सहने की किसानों के बच्चों की शक्ति चली जायेगी।
(ii) बच्चा अपने पिता के कर्म यानी खेती से नफ़रत करने लगेगा।
(iii) नौकर नहीं मिलेंगे।
(iv) लोग अपनी ग़रीबी के बारे में बातें करेंगे और संघर्ष करेंगे।
(v) किसान सोचने लगेगा और प्रचारकों के बहकावे में आ जायेगा।

किसान 'पढ़' और 'सोच' न सके इसलिए अंग्रेज़ सरकार के पास बांग्लादेश के ज़मींदारों का यह आवेदन शोषकों के वर्गहित की रक्षा के लिए आम आदमी की सृजनशीलता का खुला विरोध था। लेकिन यह कोई नयी बात नहीं थी। शोषक वर्ग के सामाजिक, सांस्कृतिक, धार्मिक और राजनीतिक आदर्शों का मूल चरित्र यही है। मेहनती जनता का पढ़ना-लिखना जहाँ ये रोक नहीं पाते हैं, वहाँ कोशिश करते हैं कि जनता की सोचने की शक्ति विकसित न हो। जहाँ यह भी सम्भव नहीं होता है वहाँ ये कोशिश करते हैं कि जनता की सोच विपथगामी हो। इतिहास के विभिन्न चरणों में शोषक वर्गों के काम के ढंग परिवर्तित होने के बावजूद उनके मूल लक्ष्य कभी नहीं बदले। मेहनती जनता की सृजनशीलता उनका मानसिक विकास और उनकी सांस्कृतिक अग्रगति को रोकना ही शोषक वर्ग की सांस्कृतिक चर्चा का उद्देश्य रहा है। जनता की सोच को नियन्त्रित करना ही उनका लक्ष्य रहा है।

शोषक वर्ग की तमाम प्रतिरोधी कोशिशों के बावजूद उत्पादन के क्षेत्र में मेहनती लोगों की सृजनशीलता को बाधित करना शोषकों के वर्गहित में ही सम्भव नहीं होता है। बुनियादी इस क्षेत्र में मेहनती लोगों की सृजनशीलता अबाधित रहती है इसलिए सभी बाधाओं को पार करते हुए उस सृजनशीलता का प्रभाव समाज के ऊपरी ढाँचे तक थोड़ा बहुत पहुँच हो जाता है। आम जनता की सृजनशीलता का सर्वश्रेष्ठ निदर्शन है लोक साहित्य। दैहिक और मानसिक श्रम से विच्छिन्न रहने के बावजूद लोक साहित्य में ही हम देखते हैं मेहनती जनता की भावी संस्कृति के विकास की विराट सम्भावनाएँ। मैक्सिम गोर्की ने यथार्थ ही कहा था कि मार्क्सवादी जब सांस्कृतिक इतिहास की रचना करेंगे तो देखा जायेगा कि सांस्कृतिक सृजनशीलता की प्रक्रिया में बुर्जुआ श्रेणी की भूमिका को अब तक बहुत अतिरंजित कर दिखाया गया है और यह अतिरंजना साहित्य के क्षेत्र में ही सर्वाधिक है। लेकिन तब अतिरंजना की बात

ही स्पष्ट नहीं होगी बल्कि यह भी स्पष्ट हो जायेगा कि मानव जाति का मानसिक और सांस्कृतिक विकास शोषक वर्ग और बुर्जुआ वर्ग के हाथों जितना हुआ है, उससे बहुत ज़्यादा उन्होंने इस विकास को बाधित किया है।

सन् 1947 में ब्रिटिश भारत के विभाजनोपरान्त पाकिस्तान राष्ट्र बनने पर पूर्व बांग्ला की जनता के ऊपर और साथ ही समूचे पाकिस्तान की जनता के ऊपर उर्दू भाषा को थोप देने की कोशिश, तत्कालीन पाकिस्तान सरकार द्वारा जनता की मानसिक और सांस्कृतिक विकास की अग्रगति की दिशा में बाधा खड़ी करने का ही एक उदाहरण है। यहाँ लक्ष्य किया जाना चाहिए कि हमने शोषक वर्ग द्वारा सदा व्यवहृत जिन चालाकियों की बातें की हैं, उन्हीं के अनुरूप उर्दू को जनता के ऊपर थोपने के लिए मुस्लिम लीग सरकार ने धर्म और इसलाम को सामने लाया था। उर्दू इसलाम की भाषा है और बांग्ला इसलाम चर्चा के विपरीत है, यही उनका मुख्य तर्क था। इस तर्क को देने का यही कारण था कि इस देश की जनता धर्म में आस्था रखती है। यद्यपि धर्म अपने ही शोषक वर्ग की चालाकियों में से एक है, लेकिन हमारे देश के बहुसंख्यक लोग धार्मिक संस्कारों के वशीभूत हैं यह एक सामाजिक सच्चाई है। इस सच्चाई को समझते हुए ही पाकिस्तान के शोषक-शासक वर्ग ने राष्ट्रभाषा के प्रश्न को धर्म के साथ जोड़ दिया था। लेकिन उनकी चाल पहले-पहल कुछ सफल होने के बावजूद अन्ततः विफल हो गयी। जनता ने शेषतक भाषा के प्रश्न को धर्म के साथ जोड़कर नहीं देखा। वे अपनी आजीविका के संघर्ष के साथ भाषा समस्या के सही सम्बन्धों को समझने में सफल हो गये थे। जनता की इसी समझ ने आन्दोलन को आगे बढ़ाया था और वे राष्ट्रभाषा की अपनी समस्या का समाधान ढूँढ़ने में सफल हुए थे।

पाकिस्तान के प्रारम्भिक काल में राष्ट्रभाषा समस्या का एक संवैधानिक समाधान होने के बावजूद समस्या का पूर्ण समाधान पाकिस्तान काल में नहीं हो सका। सच्चे अर्थ में आज भी उस समस्या का समाधान नहीं हो सका है। प्रत्येक वर्ष इक्कीस फ़रवरी और उससे सप्ताह भर पहले से चल रहे आलोचना उत्सवों में अनेक पण्डित और ज्ञानी बांग्ला भाषा के लिए आँसू बहाते हैं, विलाप करते हैं। इस तरह वर्षों से उनके गाल अश्रुजल से भीग रहे हैं, लेकिन बांग्ला भाषा की चर्चा में कोई वृद्धि नहीं हो रही है। क्योंकि फ़रवरी महीने में भाषण देने वाले ये नाटकबाज़ दरअसल स्वयं ही किसी न किसी प्रकार से बांग्ला भाषा के विरोधी हैं। समाज के शोषक वर्ग के अधीनस्थ या कृपापात्र ये लोग व्यापक रूप से बांग्ला भाषा और संस्कृति चर्चा के रास्ते में हज़ार तरह की बाधाएँ खड़ी करते हैं।

पहले ही मैंने कहा है, कि किसी भी वर्ग विभाजित समाज में अल्पसंख्यक शोषक वर्ग मेहनती जनता के मानसिक और सांस्कृतिक विकास में बाधक होते हैं। हमारा समाज वर्ग विभाजित समाज है। यहाँ शोषक और शासित वर्ग का अस्तित्व है। यहाँ शोषक वर्ग सत्ता में अधिष्ठित है। यही मूल कारण है जिसके चलते बांग्ला भाषा की चर्चा में वृद्धि नहीं हो रही है या वह चर्चा व्यापक और गम्भीर नहीं हो रही है।

साधारणत: जनता की सोच को प्रभावित करने में मातृभाषा की भूमिका सबसे बड़ी होती है। वर्ग विभाजित समाज में शोषक वर्ग इसलिए जनता और उसकी मातृभाषा की सांस्कृतिक देन के बीच में व्यवधान उत्पन्न करने की कोशिश करते हैं। लेकिन जब शोषक वर्ग का अपना स्वार्थ भी अनेकांश में जनता की भाषा चर्चा, शिक्षा आदि के साथ जुड़ जाता है तब सीमित रूप से वे इनके विकास के लिए प्रयत्नशील होते हैं। पाकिस्तानी समय में जब तक बांग्ला भाषा के लिए लड़ाई बंगाली बुर्जुआ वर्ग के हित में थी तब तक वे बांग्ला भाषा के पक्ष में काफ़ी मुखर थे और लड़ाई में भी कुछ हद तक सटीक थे। लेकिन बाद के समय में उन्हीं लोगों के लिए बांग्ला भाषा-प्रेम और यथार्थ सांस्कृतिक विकास का प्रश्न महत्त्वहीन हो गया। कारण अवसरवादी इन बुद्धिजीवियों का स्वार्थ साम्राज्यवादी स्वार्थों के साथ कुछ इस तरह घुल-मिल गया कि व्यापक रूप से बांग्ला भाषा और संस्कृति चर्चा की आवश्यकता इनके जीवन में नहीं रह गयी। अत: यह आश्चर्य की बात नहीं है कि बांग्लादेश के एक स्वतन्त्र राष्ट्र के रूप में प्रतिष्ठित होने के बाद बंगाली बुर्जुआ वर्ग में अंग्रेज़ी प्रीति बढ़ गयी और उनके बच्चे अंग्रेज़ी माध्यम के विद्यालयों की ओर बढ़ते गये। ब्रिटिश पब्लिक स्कूलों और कैडेट कॉलेजों में पढ़ने वाले ये बच्चे वर्ग संघर्ष को कायम रखते हुए उसे और तीव्र करते गये। दूसरी ओर उसी समय देश के प्राथमिक विद्यालयों के सामने सरकारी अनुदान न पहुँचने के कारण भयानक संकट उपस्थित हो गया। अनेक विद्यालय बन्द कर देने पड़े और शिक्षा का मान चिन्ताजनक स्तर तक गिर गया। इस आकलन से अनिवार्य प्राथमिक शिक्षा का प्रश्न शासक वर्ग के सामने कितने महत्त्व का है यह स्पष्ट हो जाता है। माध्यमिक विद्यालयों की हालत भी कमोबेश वही हो गयी। ऊपर से पाठ्यक्रम को अनावश्यक रूप से जटिल बनाकर पूरी स्थिति को और अधिक उलझा दिया। कम उम्र के छात्र-छात्राओं के मानसिक विकास के लिए यह शिक्षा व्यवस्था लाभदायक की अपेक्षा हानिकारक ही ज़्यादा साबित हुई। धनी सम्प्रदाय के बच्चों को इन्हीं परिस्थितियों में काफ़ी सुविधाएँ मिलीं। मॉडेल स्कूल, कैडेट कॉलेज, अंग्रेज़ी माध्यम की पढ़ाई, विशेष कोचिंग की व्यवस्था और सर्वोपरि विदेश शिक्षा के अवसर आदि प्राप्त कर, अपनी शिक्षा का स्तर इन्होंने अन्य के

मुक़ाबले में ऊँचा बना लिया। इक्कीस फ़रवरी के अनुष्ठानों में जो लोग बांग्लाभाषा के लिए आँसू बहाते हैं ये वही लोग हैं।

शेख मुजीब के नेतृत्वाधीन अवामी लीग से जुड़ा दलालों का एक ऐसा वर्ग भी था, जो बांग्लादेश की प्रतिष्ठा के बाद से सन् 1975 के मध्य तक उग्र बंगाली जातीयतावाद का धारक-वाहक और उर्दू के साथ ही अन्य भाषा-भाषियों एवं चकमा तथा अल्पसंख्यक अन्य जातियों का निर्यातक और उनकी संस्कृति का प्रबल विरोधी बना रहा। शेख मुजीब की तरह उर्दूभाषी और अल्पसंख्यक अन्य जातियों को बंगाली बन जाने की खुलेआम धमकी तो वर्तमान शासक वर्ग नहीं दे रहा है, लेकिन यह वर्ग भी अल्पसंख्यक समुदायों के सांस्कृतिक विकास का विरोधी है। इसमें आश्चर्यचकित होने की बात नहीं है। वर्गविभाजित समाज में मुट्ठी भर शोषक अपनी जाति के ही अधिसंख्यक लोगों के विकास में बाधाएँ उत्पन्न करता है, तो ये अन्य जातियों के प्रति भी उदार नहीं होंगे यहाँ तक कि उनके प्रति और ज़्यादा निर्मम होंगे यही स्वाभाविक है।

जिस बांग्लादेश की जनता ने साम्राज्यवादी ताक़तों के गठबन्धन पर टिकी पाकिस्तानी सरकार के जातिगत अत्याचार के ख़िलाफ़ सन् 1971 तक मुक्तियुद्ध किया उसी बांग्लादेश की सरकार ने 1971 की 16 दिसम्बर के बाद से अब तक अन्य भाषाभाषी जनता के साथ क्या आचरण किया है, यदि उस बात पर ग़ौर करें तो यह स्पष्ट हो जायेगा कि वर्ग-विभाजित समाज में मेहनती जनता के आर्थिक एवं सांस्कृतिक जीवन के विकास की सम्भावनाएँ नहीं हैं। देश की महत्तम जनता जहाँ साम्राज्यवादियों द्वारा पीड़ित है वहाँ अल्पसंख्यक जातियाँ और ज़्यादा पीड़ित होंगी यही स्वाभाविक है। वर्तमान बांग्लादेश में यही सब हो रहा है।

केवल आर्थिक और राजनीतिक क्षेत्र में ही नहीं सांस्कृतिक क्षेत्र में भी बांग्लादेश में आज साम्राज्यवाद का व्यापक प्रवेश हो चुका है। आयात की गयी यौनपत्रिकाओं, सिनेमा, रेडियो, दूरदर्शन, देशी पत्र-पत्रिकाओं आदि पर नज़र डालते ही यह प्रवेश स्पष्ट परिलक्षित होने लगता है। इसके साथ ही धार्मिक और साम्प्रदायिक प्रचार में भी काफ़ी तेज़ी आयी है। यह प्रचार साम्राज्यवादियों और अवसरवादियों का मुख्य हथियार है। इन सब के प्रभाव के कारण सांस्कृतिक क्षेत्र में आज चारों ओर अराजकता और दिक्शून्यता दीख रही है। बांग्लादेश में व्याप्त इस परिवेश को बदलने के लिए स्वतन्त्र विचार देने, राजनीतिक उद्यम करने या आन्दोलन संगठित करने का अधिकार जनता को नहीं है।

मेहनती जनता का सांस्कृतिक विकास, उसके आर्थिक जीवन की उन्नति और शोषणमुक्ति पर ही आधारित है। यह विकास सम्भव है वर्गविभाजित समाज की

समाप्ति से। जनता के सांस्कृतिक विकास के बाधक तत्त्व और उसके आर्थिक जीवन की शोषण-मुक्ति के बाधक तत्त्व एक ही हैं। इसलिए मेहनती जनता के सांस्कृतिक विकास का आन्दोलन और उसकी आर्थिक शोषण-मुक्ति का आन्दोलन भी एक ही है। इस आन्दोलन की पहचान और इसे तीव्र किये जाने की आवश्यकता है। सक्रिय राजनीति के माध्यम से ही यह सब किया जा सकता है। सक्रिय उस राजनीति के माध्यम से जो वर्ग विभाजित समाज की समाप्ति की राजनीति है, जो एक वर्गविहीन और शोषणरहित समाज की स्थापना के संकल्प की राजनीति है।

3. समाज परिवर्तन के लिए सांस्कृतिक आन्दोलन

समाज परिवर्तन की बात आज प्राय: सभी वर्ग के लोग करते हैं। प्रगतिशील व्यक्ति, समाज या पार्टी के साथ ही प्रतिक्रियाशील वर्ग भी समाज परिवर्तन की बात करता है। इसका कारण यह है कि हमारी समाज व्यवस्था आज ऐसी दशा में पहुँच गयी है कि इसका और अधिक दिन तक इसी तरह टिके रहना सम्भव नहीं है। समाज की पतनोन्मुख यह हालत आज इतनी स्पष्ट है कि इसे इसी तरह टिकाये रखने की बात भी खुलकर कोई कर नहीं पाता है। इसलिए सत्तासीन वर्ग और अन्य सभी प्रतिक्रियाशील वर्ग भी समाज परिवर्तन की बात कर रहे हैं।

प्रतिक्रियाशील शक्तियाँ ही वर्तमान समाज व्यवस्था के धारक, वाहक और परिचालक हैं। इनके द्वारा समाज में किसी भी प्रकार का वैसा परिवर्तन सम्भव नहीं है जो इन्हें सत्ता में बनाये रखते हुए जनता की दशा सुधार सके। इसलिए समाज व्यवस्था में परिवर्तन का अर्थ ही है वर्तमान में सत्तासीन शक्तियों का विनाश। लेकिन समाज व्यवस्था में परिवर्तन का अर्थ यदि सत्तासीन शक्तियों का विनाश है तब ये शक्तियाँ भी समाज परिवर्तन की बात क्यों करती हैं। इसे ठीक से समझा जाना चाहिए। ये शक्तियाँ समाज व्यवस्था में परिवर्तन की बात इसलिए करती हैं, कि इसके द्वारा आसानी से जनता में भ्रान्ति उत्पन्न की जा सकती है। फलस्वरूप समाज परिवर्तन के संघर्ष में प्रतिक्रियाशील इन्हीं शक्तियों पर जनता के निर्भर हो जाने की सम्भावना बढ़ जाती है। आगे ये शक्तियाँ समाज परिवर्तन के नाम पर जनता को स्वनिर्मित रास्ते पर ले चलती है और अपने वर्गहित की रक्षा करते हुए यथार्थ सामाजिक परिवर्तन को टाल देती हैं।

समाज परिवर्तन का तात्पर्य क्या है? क्या परिवर्तित करने पर पूरा समाज ही परिवर्तित हो जाता है? इन्हें समझने के लिए सबसे पहले यह समझना ज़रूरी हो जाता है कि समाज क्या है? समाज का अर्थ है व्यक्ति का सामूहिक जीवन। इस जीवन को

जीने के लिए असंख्य लोगों का परस्पर विभिन्न सम्बन्धों में जुड़े रहना आवश्यक है। इन सम्बन्धों का चरित्र समाज के स्वरूप को निर्धारित करता है। समाज में मनुष्यों के बीच जितने सम्बन्ध हैं उनमें सबसे महत्त्वपूर्ण है मनुष्यों के बीच आर्थिक सम्बन्ध यानी द्रव्यों के उत्पादन का सम्बन्ध। यह आर्थिक सम्बन्ध ही समाज का मूल मानवीय सम्बन्ध है और इसी के द्वारा किसी भी समाज में आदमी के बीच के अन्य सभी सम्बन्ध निर्धारित होते हैं। उत्पादन सम्बन्ध का सबसे महत्त्वपूर्ण पक्ष है उत्पादन के उपकरण समूह अर्थात् भूमि, खेती के औजार, कल-कारख़ाने आदि का स्वामित्व। यदि यह स्वामित्व निजी होता है, तो उसी आधार पर समाज में दो वर्गों का गठन होता है–एक मालिकों का वर्ग और दूसरा जो मालिक नहीं हैं उनका वर्ग। इस व्यवस्था में उत्पादन क्रिया द्वारा समाज में जो द्रव्य उत्पन्न होता है उसका मालिक उत्पादन के उपकरणों के मालिक ही हो जाते हैं, जो लोग सीधे-सीधे उत्पादन की क्रिया से जुड़े रहते हैं वे नहीं। बाद में मालिकों द्वारा उत्पादकों को उत्पादित द्रव्य का उतना ही हिस्सा दिया जाता है जितना समाज की व्यवस्था विशेष में उत्पादन के स्वार्थ में उनके जीवित रहने के लिए ज़रूरी होता है। यह ज़रूरी हिस्सा ही, मज़दूर, मालिकों के पास अपनी श्रमशक्ति बेचकर प्राप्त करते हैं। इस तरह मज़दूरों को जो कुछ मिलता है पूँजीवादी व्यवस्था में उसे ही मज़दूरी कहते हैं। उत्पादन के कार्यों में जो अपना श्रम लगाते हैं उन्हें वंचित कर, सम्पत्ति के निजी स्वामित्व के कारण मालिक वर्ग उत्पादित द्रव्य का वृहदांश ले लेते हैं। वर्ग विभाजित समाज में उत्पादित द्रव्यादि के असमबंटन की वह प्रक्रिया जिसके द्वारा उत्पादकों को न्यूनतम हिस्सा देकर शेष अधिकतम हिस्सा मालिकों द्वारा हड़प लिया जाता है उसे ही वर्गशोषण कहते हैं।

वर्गशोषण की यह प्रक्रिया मानव समाज में हज़ारों वर्षों से होती चली आ रही है और आज भी जारी है। विकास के क्रम में मानव समाज वर्गशोषण के कई स्तरों से गुज़रते हुए अब एक नये स्तर में पहुँच गया है। दास व्यवस्था से सामन्ती व्यवस्था और अब पूँजीवादी व्यवस्था तक उसका इतिहास फैला हुआ है। इन्हीं व्यवस्थाओं के द्वारा सम्पत्ति या उत्पादन के उपकरणों पर व्यक्ति का निजी स्वामित्व बना हुआ है। अत: इस तरह की किसी भी समाज-व्यवस्था में आदमी द्वारा आदमी के शोषण की समाप्ति कदापि सम्भव नहीं है। इस शोषण की समाप्ति के लिए आवश्यक है सम्पत्ति के निजी स्वामित्व की समाप्ति, सामाजिक उत्पादन का वृहदांश अल्पसंख्यक लोगों द्वारा हड़पे जाने की प्रक्रिया की समाप्ति। मानव समाज का इतिहास दास से सामन्ती, सामन्ती से पूँजीवादी व्यवस्था में रूपान्तरित हो चुका है। इन अध्यायों में जो परिवर्तन हुए हैं वे उत्पादन के वृहदांश को हड़पने के तरीकों में हुए हैं, सम्पत्ति या उत्पादन के उपकरण समूह के निजी स्वामित्व जैसे मामलों में नहीं। इसलिए दास,

सामन्ती और पूँजीवादी व्यवस्था के अन्तर्गत समाज में हमेशा आम लोगों का शोषण और ज़रूरत पड़ने पर उनके ऊपर तरह-तरह के निर्यातन हुए हैं।

आज समाज परिवर्तन की जो बात हम कर रहे हैं उसका सीधा आशय यही है, कि समाज से किसी भी तरह का शोषण पूर्णत: ख़त्म हो। और यह तभी सम्भव है जब समाज में सम्पत्ति या उत्पादन के उपकरणों का निजी स्वामित्व ख़त्म कर दिया जाय। जिस समाज व्यवस्था में सम्पत्ति के निजी स्वामित्व को समाप्त कर और उत्पादित द्रव्य के असमबंटन को रोककर आदमी द्वारा आदमी के शोषण को पूर्णत: समाप्त कर दिया जाता है उसे ही समाजतान्त्रिक व्यवस्था कहते हैं। अत: अपने समाज में हम ऐसा परिवर्तन चाहते हैं जिसके द्वारा देश में एक समाजतान्त्रिक व्यवस्था लागू की जा सके। समाजतान्त्रिक इस व्यवस्था को लागू करना ही हमारा लक्ष्य है और इसकी प्राप्ति के लिए जनता का एक व्यापक सांस्कृतिक आन्दोलन संगठित करना इस समय हमारा सबसे बड़ा दायित्व है। परन्तु समाज परिवर्तन का आन्दोलन जो वास्तव में एक राजनीतिक आन्दोलन है उसके साथ सांस्कृतिक आन्दोलन का क्या सम्बन्ध है, इसे ठीक से समझ लेना चाहिए।

राजनीतिक आन्दोलन का उद्‌देश्य है किसी एक वर्ग या विशेष परिस्थितियों में एकाधिक वर्ग के लिए सत्ता हासिल करना या उसे बनाये रखना। सत्ता हासिल करने या उसे बनाये रखने के लिए शक्ति का महत्त्व सबसे ज़्यादा होने के बावजूद केवल शक्ति प्रयोग द्वारा यह काम हमेशा सम्भव नहीं है।

वर्गविभाजित समाज में शोषक वर्ग अनेक भ्रान्त धारणाएँ शोषित वर्ग के दिमाग़ में भर देते हैं। प्राचीनकाल से ही यह तरीक़ा अपनाया जाता रहा है। धर्म, आचार-आचरण, शिक्षा, मनोरंजन आदि के नाम पर पूर्व निर्धारित तरीक़ों से ये भ्रान्तियाँ भरी जाती हैं, जिनसे जनता की सोच इस तरह प्रभावित रहती है कि वह शोषक वर्ग को उखाड़ फेंकने की स्थिति में नहीं रहती है। यहाँ तक कि जो लोग इस व्यवस्था के समापन के लिए संघर्ष पर उतारू होते हैं, दिग्भ्रमित जनता उन्हीं के ख़िलाफ़ खड़ी हो जाती है।

आज हमारे समाज में शोषक वर्ग, सामन्तवादी कुसंस्कारों से लेकर रेडियो, दूरदर्शन, सिनेमा, अश्लील साहित्य आदि का उपयोग कर जनता की सोच को विपथगामी करने के लिए और उसके भीतर कृत्रिम आकांक्षाएँ पैदा करने के लिए हर तरह से सक्रिय है। राजनीति के क्षेत्र में यह उद्यम सर्वाधिक है। दक्षिणपन्थी प्रतिक्रियाशील शक्तियों के साथ, शोषक वर्ग के विभिन्न राजनीतिक दल जो असल में साम्राज्यवाद के दलाल हैं, वे भी समाज परिवर्तन और समाजतन्त्र की बात कर रहे हैं। समाजतन्त्र के ये दुश्मन समाजतन्त्र की बात क्यों कर रहे हैं इसे समझना

अब कठिन नहीं है। अवामी लीग और उसके अन्य घटक एवं वामपन्थी के रूप में परिचित सभी बुर्जुआ पार्टियाँ क्यों समाजतन्त्र के बोल बोल रहे हैं, अब यह स्पष्ट है।

इस परिस्थिति में परिवर्तन ज़रूरी है। लेकिन यह परिवर्तन तब तक सम्भव नहीं है, जब तक शोषक-शासक वर्ग अपने प्रचारों और प्रतिक्रियावादी सांस्कृतिक आयोजनों द्वारा जनता को दिग्भ्रमित करने की स्थिति में बने रहेंगे। अत: इस अवस्था के परिवर्तन के लिए ज़रूरी है एक ऐसे सांस्कृतिक आन्दोलन की, जिसके द्वारा मज़दूर-किसान और मेहनती जनता की सोच को शोषक-शासकों के षड्यन्त्र से मुक्त किया जा सके, ताकि जनता अपने हित के बारे में स्वयं सोचने की स्थिति में आ जाय।

अपनी सोच को शोषक-शासकों के प्रभाव से मुक्त करना और उस स्थिति को बनाये रखने के लिए जो आन्दोलन हो वही जनता का सांस्कृतिक आन्दोलन है। इस तरह का एक व्यापक आन्दोलन जब तक हमारे देश में संगठित नहीं होता तब तक किसी भी बड़े राजनीतिक आन्दोलन को संगठित करना सम्भव नहीं है। अत: सांस्कृतिक आन्दोलन का कार्य राजनीतिक आन्दोलन के लिए रास्ता तैयार करना ही है। लेनिन ने कहा था कि सटीक क्रान्तिकारी विचार के बग़ैर कोई क्रान्तिकारी संग्राम नहीं हो सकता। इसका सहज अर्थ यही है कि अपनी सोच को विकार मुक्त किये बग़ैर किसी भी आन्दोलन में हमारी यथार्थ भागीदारी सम्भव नहीं है। अत: क्रान्तिकारी विचारों का निर्माण और उन विचारों को जनता में प्रचारित करने का कार्य क्रान्तिकारी राजनीतिक आन्दोलन का सबसे महत्त्वपूर्ण हिस्सा है। क्रान्तिकारी विचारों के बग़ैर जिस तरह कोई क्रान्तिकारी आन्दोलन सम्भव नहीं है उसी तरह क्रान्तिकारी सांस्कृतिक आन्दोलन के बग़ैर किसी क्रान्तिकारी राजनीतिक आन्दोलन की परिकल्पना भी एक भ्रम है।

हमारे देश में क्रान्तिकारी आन्दोलन आरम्भ हो चुका है। यह आन्दोलन वर्तमान में चाहे कितना भी दुर्बल क्यों न हो, जो सही है, द्वान्द्विक नियमों से उसका दुर्बल से सबल और लघु से बृहद होना अनिवार्य है। हमारे देश का यह आन्दोलन एक दिन प्रबल होगा। लेकिन इसके लिए पूर्वशर्त है कि जनता का सांस्कृतिक आन्दोलन व्यापक हो। जनता के इस सांस्कृतिक आन्दोलन को संगठित करना ही इस समय हमारा सबसे बड़ा कर्तव्य है।

4. जनसाहित्य

जनसाहित्य शब्द का प्रचलन बांग्लादेश में नया है—सम्भवत: दूसरे विश्वयुद्ध के बाद से। जनतान्त्रिक आन्दोलनों के विकास और अग्रगति में जनसाहित्य की भूमिका

काफ़ी महत्त्वपूर्ण है, यह आम धारणा है। फिर भी, जनसाहित्य का सटीक अर्थ क्या है इसे समझ लेना चाहिए।

पहले ही यह स्पष्ट कर दिया जाय, कि जनसाहित्य समाजतान्त्रिक साहित्य नहीं है। अत: इस साहित्य को मार्क्सवादी साहित्य भी नहीं कहा जा सकता है। लेकिन, जनसाहित्य समाजतन्त्र विरोधी शक्तियों द्वारा सृजित साहित्य भी नहीं है। तब जनसाहित्य का कोई वर्गाधार है या नहीं? यह साहित्य यदि प्रतिक्रियाशील बुर्जुआ या समाजतान्त्रिक नहीं है तब क्या इसे वर्गचरित्रहीन साहित्य समझा जायेगा? जनसाहित्य का कोई वर्गाधार नहीं है यह धारणा ग़लत है। कारण, वर्तमान विश्व में जिस तरह, वर्गविहीन समाज जैसी कोई चीज़ नहीं है उसी तरह वर्गचरित्रहीन साहित्य जैसा भी कुछ नहीं है। प्रत्येक साहित्य का अपना वर्गचरित्र होता है। अत: जो लोग साहित्य में वर्गचरित्र को अस्वीकार करते हैं वे असल में शोषक वर्ग का ही पक्ष लेते हैं। वे शोषक वर्ग के हितों की रक्षा के लिए प्रत्यक्ष या परोक्ष रूप से कार्य करते हैं। तब जनसाहित्य का वर्गचरित्र क्या है? यह साहित्य किस वर्ग के हितों की रक्षा करता है या किस वर्ग की अग्रगति में सहायक होता है। इन प्रश्नों के जवाब में यह कहा जा सकता है कि जनसाहित्य सामाजिक अग्रगति के ऐसे चरण का साहित्य है जब बुर्जुआ जनतान्त्रिक क्रान्ति समाज के विभिन्न क्षेत्रों में प्रारम्भ हो चुकी होती है लेकिन पूर्ण नहीं हुई रहती है। इसका अर्थ यह नहीं हुआ कि इस चरण में रचे गये सभी साहित्य जनसाहित्य के अन्तर्गत आते हैं। यह इसलिए नहीं है कि वर्गविभाजित समाज में क्रान्तिकारी और जनतान्त्रिक शक्तियों के साथ प्रति-क्रान्तिकारी और अजनतान्त्रिक, विरोधी शक्तियाँ भी काम करती हैं। ये अपने वर्गहित की रक्षा के लिए अपना साहित्य और संस्कृति रचते हैं। अत: सामाजिक विकास के प्रत्येक चरण में क्रान्तिकारी और जनतान्त्रिक शक्तियों के सहायक साहित्य की तरह ही उनकी विरोधी शक्तियों का साहित्य भी रचा जाता है।

यूरोप में पूँजीवाद के उत्थान और सामन्तवाद के साथ उसके संघर्ष के काल में बुर्जुआ साहित्य की जो महत्त्वपूर्ण प्रगतिशील भूमिका थी उसे अस्वीकार नहीं किया जा सकता है। सन् 1789 की फ्रांस की क्रान्ति के पहले वल्तेयर, रूसो, मन्तेस्क, दिदरो आदि लेखको की रचनाओं ने उस बुर्जुजा क्रान्ति में काफ़ी मदद की थी इसमें कोई सन्देह नहीं। यूरोपीय इतिहास के उस चरण में पूँजीवादी शक्तियों की जैसी प्रगतिशील भूमिका थी वैसी ही बुर्जुआ साहित्य और संस्कृति की भी प्रगतिशील यहाँ तक कि क्रान्तिकारी भूमिका थी।

सामन्तवादी शक्तियों के ख़िलाफ़ पूँजीवादी शक्तियों के विजय के बाद उनकी यह भूमिका समाप्त हो गयी। उसके बाद वे यूरोपीय समाज की सबसे बड़ी प्रगतिशील

शक्ति में बदल गयीं। पूँजीवादी प्रगतिशील शक्तियों के विकास की पराकाष्ठा है उनका साम्राज्यवादी शक्तियों में रूपान्तरित हो जाना। उस रूपान्तरित अवस्था में साम्राज्यवादी शक्ति की हैसियत से बाज़ार की तलाश में ये अविकसित या सामन्तीशक्तियों के अधीनस्थ देशों में अपना प्रभाव विस्तारित करती रहीं और उस प्रभाव को बनाये रखने के लिए वहाँ की जनता पर हर तरह का शोषण-शासन निर्यातन चलाती रहीं और उनके सामाजिक विकास को बाधित करती रहीं। उस बाधा के अनिवार्य परिणामस्वरूप उपनिवेश देशों में पूँजीवाद के स्वाभाविक विकास के रास्ते बन्द हो गये। यही कारण है कि यूरोप, अमरीका और अन्य पश्चिमी देशों, यहाँ तक कि जापान में भी पूँजीवाद का विकास जिस तरह से हुआ, उसी तरह साम्राज्यवादी देशों के अधीनस्थ उपनिवेशों में नहीं हुआ। पूँजीवाद का जो विकास उपनिवेश देशों में हुआ, उसे स्वाभाविक विकास नहीं कहा जा सकता है। इन्हीं मौलिक कारणों के चलते उपनिवेश देशों में बुर्जुआ वर्ग का विकास भी स्वाभाविक ढंग से नहीं हो सका है।

द्वितीय विश्वयुद्धोत्तर नवउपनिवेशों में बुर्जुआ साहित्य-संस्कृति का जो विकास हुआ वह सतरहवीं-अठारहवीं यहाँ तक कि उन्नीसवीं शताब्दी के यूरोपीय बुर्जुआ साहित्य-संस्कृति की तरह साधारण ढंग से प्रगतिशील तथा क्रान्तिकारी नहीं है। द्वितीय विश्वयुद्ध के बाद साम्राज्यवादियों ने अपने पैंतरे बदल डाले। उपनिवेशवाद को ख़ारिज कर मदद और पूँजी निवेश के द्वारा पूर्ववर्ती उपनिवेशों को इन्होंने फिर से नये उपनिवेशों में बदल दिया तो उन देशों के बुर्जुआ वर्ग भी दो हिस्से में बँट गये। उनमें से एक अवसरवादी-बुर्जुआ और दूसरा राष्ट्रीय-बुर्जुआ के रूप में चिह्नित हुआ। अवसरवादी-बुर्जुआ साम्राज्यवादियों के कृपापात्र हुए और उनके लिए दलाली का काम करने लगे। यह वर्ग अपने स्वार्थ के लिए राष्ट्रीय हितों की भी तिलांजलि कर देता है और सामन्तवादी शक्तियों के साथ भी साँठ-गाँठ रखता है।

राष्ट्रीय बुर्जुआ वर्ग का चरित्र स्वतन्त्र है। ये यूरोपीय सतरहवीं, अठारहवीं, उन्नीसवीं शताब्दी के बुर्जुआ जैसे हैं और अपने स्वाधीन विकास के पक्ष में स्वार्थ सिद्धि के विरुद्ध हैं। ये राष्ट्रीय हितों की उपेक्षा करके अपने स्वार्थ-सिद्धि के विरुद्ध हैं। ये देशी बाज़ार के विकास के पक्ष में हैं लेकिन उसमें साम्राज्यवादियों के प्रवेश और उनके वर्चस्व के ख़िलाफ़ हैं। इसलिए एक ओर ये सामन्तवाद और दूसरी ओर साम्राज्यवाद के विरोधी हैं। राष्ट्रीय हित से इनके लगाव के कारण इन्हें राष्ट्रीय बुर्जुआ कहा जाता है। चारित्रिक स्वाधीनता के मामले में यूरोपीय राष्ट्रीय बुर्जुआ वर्ग के क़रीब होने के बावजूद दोनों वर्गों में काफ़ी अन्तर है। यूरोपीय बुर्जुआ वर्ग परवर्ती समयों में साम्राज्यवादी शक्तियों में रूपान्तरित हो गया था। उनका संघर्ष केवल

सामन्तवाद के ख़िलाफ़ था। सामन्तवाद को पराजित करके ही उसने अपने देश में बुर्जुआ जनतान्त्रिक क्रान्ति को पूरा किया था। नवउपनिवेश और उपनिवेश देशों के राष्ट्रीय बुर्जुआ वर्ग का संघर्ष सामन्तवादी शक्तियों के साथ-साथ साम्राज्यवादी शक्तियों के साथ भी है। सामन्तवाद और साम्राज्यवाद का विरोध करते हुए यह वर्ग राष्ट्रीय अर्थनीति को विकसित करना चाहता है और उसे विदेशी शोषण से मुक्त रखना चाहता है। लेकिन अपने प्रयासों के बावजूद वर्गगत शक्ति से, अपने पूर्ववर्ती यूरोपीय बुर्जुआ वर्ग की तरह ये राष्ट्रीय सत्ता में आने की क्षमता नहीं रखते हैं। इनकी वर्गगत शक्ति वर्तमान विश्व में पहले की तरह नहीं रह गयी है। यदि कहीं वर्गगत शक्ति के आधार पर सत्ता में आने का प्रयास ये करते भी हैं तो इनके रास्ते में सबसे बड़ी रुकावट साम्राज्यवादी शक्तियाँ ही होंगी। अठारहवीं, उन्नीसवीं शताब्दियों में यूरोप के विभिन्न देशों में बुर्जुआ वर्ग द्वारा वहाँ की जनतान्त्रिक क्रान्तियों में नेतृत्व दिये जाने के बाद भी आज के समय में उनके लिए वही कार्य कर पाना सम्भव नहीं है। यूरोप में जो क्रान्ति केवल सामन्तवाद को पराजित कर सम्भव हुई थी आज उसी के लिए सामन्तवाद के साथ साम्राज्यवाद को भी पराजित करना पड़ेगा। इन दोनों शक्तियों और इनके साथ अवसरवादी बुर्जुआ वर्ग को निरस्त कर, राष्ट्रीय हितों की रक्षा और जनतान्त्रिक क्रान्ति सम्पन्न करने की क्षमता राष्ट्रीय बुर्जुआ वर्ग के पास नहीं है।

राष्ट्रीय बुर्जुआ वर्ग की असमर्थता का कारण विरोधी शक्तियों की प्रबलता ही नहीं है। उसका मुख्य कारण है वर्तमान विश्व में नवउपनिवेश देश समूहों में मज़दूर किसान वर्ग की सामाजिक स्थिति। राष्ट्रीय बुर्जुआ वर्ग की तुलना में उनकी भूमिका राष्ट्रीय जनतान्त्रिक क्रान्ति के संगठन में अब ज़्यादा महत्त्वपूर्ण है। वियतनाम की साम्राज्यवाद विरोधी लड़ाई इसका सर्वश्रेष्ठ उदाहरण हैं।

वर्तमान विश्व में राष्ट्रीय बुर्जुआ वर्ग द्वारा किसी देश में जनतान्त्रिक क्रान्ति सम्पन्न करना सम्भव न भी हो तब भी उस क्रान्ति में राष्ट्रीय बुर्जुआ वर्ग एक बहुत बड़ी सहयोगी शक्ति है। वस्तुत: सहयोगी शक्ति की अपनी भूमिका का पालन वे काफ़ी पहले से करते हैं। जनसाहित्य उनकी इसी भूमिका का परिणाम है।

जनसाहित्य के वर्गचरित्र के निर्धारण के क्रम में इस संक्षिप्त आलोचना से यह स्पष्ट है कि यह साहित्य प्रतिक्रियाशील-बुर्जुआ या समाजतान्त्रिक नहीं है बल्कि यह राष्ट्रीय बुर्जुआ साहित्य है। राष्ट्रीय बुजुआ वर्ग मज़दूर-किसान वर्ग के साथ जुड़कर सामन्ती शक्ति, अवसरवादी बुर्जुआ और साम्राज्यवाद के ख़िलाफ़ खड़ा होकर राष्ट्रीय जनतान्त्रिक क्रान्ति अर्थात् बुर्जुआ-जनतान्त्रिक क्रान्ति की सहायक शक्ति की हैसियत से जो साहित्य रचता है इसे ही जनसाहित्य कहते हैं।

5. सांस्कृतिक आन्दोलन में अवसरवाद

बांग्लादेश की अर्थनीति और राजनीति के क्षेत्र में जो अराजकता, निराशा और अवसरवादिता आज अनायास दीखती है उसका प्रभाव इस देश की संस्कृति पर भी बहुत ज़्यादा पड़ा है। परिणामस्वरूप वामपन्थी और दक्षिणपन्थी बुद्धिजीवियों, संस्कृतिकर्मियों की दृष्टि, काम करने के तरीक़े आदि में अनुशासनहीनता, अराजकता और अवसरवादिता के लक्षण स्पष्ट दीखते हैं।

किस भी समाज में आदमी का सांस्कृतिक जीवन, उसके जीविकोपार्जन के तरीक़े और आर्थिक जीवन के साथ गहराई से जुड़ा हुआ है। बांग्लादेश इससे भिन्न नहीं है। अत: संस्कृति के क्षेत्र में व्यापक रूप से जो अराजकता और अवसरवादिता दीख रही हैं उन्हें ठीक से समझने के लिए मध्यमवर्ग या बुर्जुआ वर्ग की महत्त्वपूर्ण आर्थिक गतिविधियों का विश्लेषण ज़रूरी है। इस सन्दर्भ में सबसे पहले जिस बात पर ग़ौर किया जाना चाहिए वह यह है, कि बांग्लादेश का वर्तमान धनिक वर्ग जो बुर्जुआ वर्ग के ठीक ऊपरवाला हिस्सा है, जिस तरह से धन-सम्पत्ति अर्जित कर रहा है उसे शोषण की अपेक्षा लूट कहा जाना ही ज़्यादा तर्कसंगत है। हमारे देश का धनिक वर्ग सुनियोजित किसी शोषण प्रक्रिया की अपेक्षा लूट के माध्यम से सम्पत्ति अर्जित करने पर ही ज़्यादा रुचि रखता है।

सन् 1972 के बाद से बांग्लादेश में सम्पत्ति की लूट की जो प्रक्रिया आरम्भ हुई वह आज भी निर्बाध रूप से चल रही है। फलस्वरूप औद्योगिक प्रतिष्ठानों का विकास कर, बुर्जुआ तरीक़े से व्यावसायिक नियमों का पालन करते हुए मुनाफा कमाने की अपेक्षा, धनिक वर्ग आयात-निर्यात के व्यवसायों के नाम पर व्यापक रूप से चोरी, स्मगलिंग आदि, बाज़ार नियन्त्रण के नाम पर अनियन्त्रित मुनाफ़ा कमाने जैसे रास्ते पर चलकर रातोंरात अमीर बन रहे हैं या बनने की कोशिश कर रहे हैं। यह प्रवृत्ति इतनी व्यापक रूप से समाज में फैल रही है कि ऊपर से नीचे तक सभी स्तरों में इन्हीं प्रक्रियाओं के माध्यम से सम्पत्ति अर्जित करने की होड़-सी लग गयी है। आर्थिक क्षेत्र में इसका जो प्रभाव पड़ रहा है उसके कारण उद्योगों के मालिक औद्योगिक विकास में सक्षम न होते हुए भी अपनी आर्थिक हालत को मज़बूत बनाते जा रहे हैं। परिणामस्वरूप समूचे देश की आर्थिक नीति ही चौपट होती जा रही है।

किसी भी सुसंगठित शोषण व्यवस्था के द्वारा उद्योगों के मालिकों या व्यापारियों के धन अर्जित करने के परिणामस्वरूप औद्योगिक विकास और आर्थिक विकास भी होता है। पड़ोसी देश भारत में बिड़ला, टाटा आदि औद्योगिक परिवारों ने इसी तरह से सम्पत्ति अर्जित की है। लेकिन बांग्लादेश के उद्योगपतियों के धनसंचय की प्रक्रिया

औद्योगिक विनाश पर आधारित है। जिस कारण इस देश में औद्योगिक विकास न होने पर भी यहाँ के उद्योगपति करोड़ों रुपये कमाकर और अधिक धनी बनते जा रहे हैं।

समाज के ऊपरी स्तर पर धन कमाने का जो तरीक़ा चालू है वही तरीक़ा नीचे के स्तर में भी पहुँच गया है। इसलिए इस स्तर में भी अर्थोपार्जन के लिए कोई क़ायदा-क़ानून शेष नहीं रह गया है। चोरी, भ्रष्टाचार आदि के व्यापक प्रसार को समाज के हर क्षेत्र में स्पष्ट रूप से देखा जा सकता है।

देश में आर्थिक संकट जितना घना हो रहा है, मूल्यवृद्धि उतनी ही ज़्यादा हो रही है और रोज़गार की अनिश्चितता के कारण मजबूरीवश लोगों का चोरी और भ्रष्टाचार की ओर झुकाव बढ़ रहा है। इन परिस्थितियों में अवसरवादिता का पूरे समाज में व्यापक रूप से फैलना स्वाभाविक है। जीवन का आर्थिक आधार और उससे जुड़ी सोच आदमी के सांस्कृतिक जीवन को प्रभावित करता है। बांग्लादेश का जो सांस्कृतिक परिवेश है उसमें इन बातों को लक्ष्य किया जा सकता है।

ऊपर बांग्लादेश के बुर्जुआ वर्ग के चारित्रिक लक्षणों की जो बातें उठायी गयीं उनमें अवसरवादिता ही सबसे महत्त्वपूर्ण है। इसका अर्थ सीधे-सीधे चोरी, भ्रष्टाचार, लूट आदि से जुड़ा रहना नहीं है। अवसरवादिता में आत्मविक्रय ही सबसे ज़्यादा प्रचलित रास्ता है। इसी रास्ते पर वर्तमान बांग्लादेश के अधिकांश मध्यमवर्गीय संस्कृतिकर्मी चल रहे हैं।

अनुभव से यह कहा जा सकता है कि इस देश के कवि, कथाकार, नाट्यकार, चित्रकार, संगीतकार आदि संस्कृतिकर्मियों में शिल्प-सामर्थ्य की कमी नहीं है। फिर भी, प्रचलित धारा में जिस तरह की शिल्प चर्चा हो रही है उसमें इस सामर्थ्य का साक्षात्कार साधारणतः नहीं मिलता है। इसका कारण अवसरवाद में ही तलाशना होगा। किसी कलाकार में सृजनशक्ति चाहे कितनी भी क्यों न हो यदि उसमें ईमानदारी और समर्पण का अभाव है तब उसकी सृजनशक्ति का यथार्थ स्फुरण और विकास सम्भव नहीं है। कलाकार की क्षमता उसे जहाँ तक ले जाना चाहती है, ईमानदारी और समर्पण का अभाव उस रास्ते में बाधाएँ उत्पन्न करते हैं। अतः कलाकार, साहित्यकार या अन्य बुद्धिजीवी-जीवन में यदि ऐसे किसी लक्ष्य को भी प्राप्त करना चाहते हैं जो उनके कलाकार-साहित्यकार के विकास मार्ग में बाधा बन सकता है, तो वे उस बाधा के सामने घुटने टेकने के लिए बाध्य हैं। आज के बांग्लादेश के बुद्धिजीवी-कलाकार-साहित्यकार जीविका और धन प्राप्त करने की प्राणान्त-कोशिश में लगे हुए हैं। वे अपनी कला-साहित्य-बुद्धि चर्चा को भी प्रायः पूरी तरह उसी कोशिश के अधीन रखे हुए हैं। इसके अपवाद भी हैं, लेकिन अधिकांश इसी धारा के अन्तर्गत है। अतः यही मुख्य धारा हुई।

पहले ही मैंने कहा है कि बांग्लादेश के अनेक संस्कृतिकर्मी ऐसे हैं जिनमें शिल्प-सामर्थ्य का अभाव नहीं है। इस सामर्थ्य का दर्शन अचानक किसी काव्यग्रन्थ, नाटक, कहानी या शिल्पकर्म में हमें हो जाता है। लेकिन यह शक्तिशाली अभिव्यक्ति किसी नीति पर आधारित नहीं रहती। कलाकारों के भीतर की शक्ति के प्रभाव से ही कभी-कभी ऐसा हो जाता है।

वामपन्थी के नाम से परिचित एक वर्ग के बुद्धिजीवी प्राय: प्रगतिशील सांस्कृतिक आन्दोलन की बात करते हैं और इस तरह के आन्दोलनों के साथ जुड़े भी रहते हैं या जुड़े रहने की कोशिश करते हैं। चूँकि इनमें में अधिकांश मूलत: ऊपर वर्णित मध्यम वर्ग से ही आते हैं अत: इनमें भी वही झुकाव देखा जा सकता है। फलस्वरूप वामपन्थी कलाकार-साहित्यकार-बुद्धिजीवियों का वर्ग भी ईमानदारी और समर्पण के आधार पर किसी सांस्कृतिक आन्दोलन को संगठित करने में प्रभावशाली भूमिका का पालन नहीं कर सकते हैं।

सन् 1954 में संयुक्त मोर्चे के चुनाव जीतने के बाद, ढाका में जो सांस्कृतिक सम्मेलन आयोजित हुआ था उसमें पश्चिम बंगाल से आये प्रतिनिधियों के साथ कथाकार मनोज बसु भी थे। एक अभिनन्दन समारोह में उन्होंने कहा था कि उनकी किसी कहानी को सिनेमा में व्यवहार किये जाने से पहले वे जितनी आज़ादी से और खुलकर लिख पाते थे बाद में उस तरह नहीं लिख पाये। क्योंकि लिखने के समय हमेशा उनके दिमाग़ में यह बात आ जाती थी कि वह कहानी फ़िल्म के पर्दे पर कैसी लगती। अर्थात् सिनेमा के पर्दे की चमक ने मनोज बसु के साहित्य कर्म को प्रभावित कर दिया। वर्तमान समय के बुर्जुआ कलाकार-साहित्यकारों की दशा को इस आधार पर अनेकांश में समझा जा सकता है। दक्षिण या वाम जिस तरह के भी बुर्जुआ वे हों विभिन्न पुरस्कारों की प्राप्ति की सम्भावना के झूले में वे हमेशा झूलते रहते हैं। रेडियो-दूरदर्शन के कार्यक्रम, साहित्यकला के पुरस्कार, कार्यक्षेत्र में पदोन्नति आदि की चिन्ताएँ उनके साहित्य-कला-चिन्तन को प्राय: ढँक देती हैं और मनोज बसु के सिनेमा के पर्दे की तरह उनके कर्म को प्रभावित करती हैं। इन्हीं कारणों से वामपन्थी बुद्धिजीवी और कलाकार-साहित्यकारों एवं दक्षिणपन्थी समानधर्मियों के बीच सीमारेखा खींचना सम्भव नहीं है। वामपन्थी या प्रगतिशील वे ही हैं जो अपने को उस रूप में प्रचारित करते हैं और उस प्रचार से संगति रखते हुए विक्षिप्त कुछ बातें भी करते हैं।

प्रगतिशील, जनतान्त्रिक सांस्कृतिक आन्दोलन असल में वैचारिक आन्दोलन या संघर्ष का ही व्यापक रूप है। दूसरे शब्दों में कहा जा सकता है कि जनता में वैचारिक संघर्ष को प्रसारित करने का दूसरा नाम सांस्कृतिक आन्दोलन है। जनता

के दुश्मन दक्षिणपन्थी और प्रतिक्रियाशील बुर्जुआ, उनकी रक्षक और पृष्ठपोषक साम्राज्यवादी शक्तियाँ जनता में पत्र-पत्रिका, रेडियो-दूरदर्शन, नाटक, यात्रा, सिनेमा आदि के माध्यम से जो प्रचार चलाती हैं और जनता में अवास्तव जनतान्त्रिक चेतना विरोधी आकांक्षाओं को जन्म देकर उन्हें संघर्ष विमुख रखने का षड्यन्त्र करती हैं उनके ख़िलाफ़ आन्दोलन संगठित करने का नाम ही है जनतान्त्रिक या क्रान्तिकारी सांस्कृतिक आन्दोलन। अत: इन आन्दोलनों का यदि सटीक वैचारिक आधार न रहे, यदि वे एक व्यापक वैचारिक आन्दोलन का हिस्सा न हों, तब उनका एक निश्चित दिशा में चलना और टिके रहना सम्भव नहीं है। वर्तमान बांग्लादेश में प्रगतिशील सांस्कृतिक आन्दोलन की जो शक्तिहीनता और दिशाहीनता हम देखते हैं उसका मूल कारण है वैचारिक संघर्ष की शक्तिहीनता या उसकी यथार्थ उपस्थिति का अभाव।

बांग्लादेश के वामपन्थी बड़ी-बड़ी बातें करते हैं परन्तु उनकी वास्तविक गतिविधियाँ विभिन्न अवसरवादी धारणाओं से ही नियन्त्रित और परिचालित होती हैं। इस कारण एक ओर जहाँ उनमें वैचारिक आलोचना, मार्क्सवादी-लेनिनवादी तत्त्वों की चर्चा की कमी है वहीं दूसरी ओर किसी सांस्कृतिक आन्दोलन के सटीक चिन्तन और उसके लिए सक्रियता का भी अभाव है।

किसी आन्दोलन को संगठित करना एक या कई लोगों का कार्य नहीं है। एक या कई लोग किसी आन्दोलन की शुरुआत कर सकते हैं लेकिन उसके विकास और शक्ति अर्जन के लिए अनेक लोगों का सक्रिय रूप से जुड़ना अनिवार्य है। अत: किसी आन्दोलन को इस तरह से संगठित किया जाना चाहिए कि उसमें अनेक लोगों का जुड़ना और सक्रिय बने रहना सम्भव हो। लेकिन इस तरह के किसी आन्दोलन को संगठित करने से पहले संस्कृतिकर्मियों की आँखों के सामने तैरने लगता है मनोज बसु कथित सिनेमा का पर्दा। मन्त्रित्व का सपना, परमिट लाइसेंस का सपना, रेडियो-दूरदर्शन के कार्यक्रमों का सपना और भी अन्य तरह के अनेक मधुर सपने उनकी सोच और संवेदना पर प्रभाव डाले रहते हैं। फलस्वरूप वे सामयिक रूप से 'क्रान्तिकारी' बनने के बाद सोच-विचारकर 'तटस्थता' का एक भाव अपना लेते हैं। इस तरह के वामपन्थी सटीक वैचारिक आन्दोलन से डरते हैं। क्योंकि वैचारिक आन्दोलन में ही किसी का मुखौटा उतर जाने का भय रहता है। अत: मार्क्सवाद-लेनिनवाद की रट लगाने के बावजूद अनिवार्य वैचारिक आन्दोलन के ये ख़िलाफ़ रहते हैं। हमारे महान वामपन्थी भाइयों द्वारा इसीलिए किसी शक्तिशाली सांस्कृतिक आन्दोलन को संगठित करना सम्भव नहीं होता है। पहले ही कहा जा चुका है कि सांस्कृतिक आन्दोलन, वैचारिक आन्दोलन का ही एक विशेष और अनिवार्य हिस्सा है।

बांग्लादेश में सांस्कृतिक आन्दोलन की आवश्यकता पहले की अपेक्षा आज ज़्यादा महसूस की जा रही है। इस दिशा में नये सिरे से सोच-विचार भी प्रारम्भ हुए हैं। अब हमें ध्यान रखना होगा कि सांस्कृतिक आन्दोलन को अवसरवाद के रास्ते से बचाया जाय। इसके लिए उस आन्दोलन को प्रगतिशील, जनतान्त्रिक और क्रान्तिकारी वैचारिक आन्दोलन की बुनियाद पर खड़ा करना होगा। ऐसा न करने पर नये सिरे से चाहे जितने भी आन्दोलन क्यों न चलाये जायें उन्हें बुर्जुआ वर्ग की अवसरवादिता के प्रभाव से मुक्त रखते हुए सटीक परिणति की ओर ले चलना सम्भव नहीं होगा। परिणामस्वरूप कुछ ही दिनों में इन आन्दोलनों के नेता अपने को बेचकर पहले की तरह ही आन्दोलन को भ्रष्ट-नष्ट कर देंगे। यह बात साहित्य आन्दोलन, नाट्य आन्दोलन, कला आन्दोलन आदि के लिए और उस सांस्कृतिक आन्दोलन के लिए भी जो सम्पूर्ण देश के जनतान्त्रिक क्रान्तिकारी आन्दोलन की सहायक शक्ति के रूप में संगठित और परिचालित है, सत्य है।

बांग्लादेश की एक सौ तीन
जनमुखी कविताएँ

अहसान हबीब की कविताएँ

1. इस तरह छत्तीस वर्ष

यही अच्छा है
जिस तरह गुज़रे छत्तीस वर्ष
बग़ैर किसी पते के
एक दूसरे से दूर
अज्ञातवास में

इसी तरह समय के साथ घनिष्ठ
जीया जा सकता है
मृत्यु की उपेक्षा कर
जीवन पाया जा सकता है

सुदूर अज्ञातवास की जलन में
जलते-जलते, जलते-जलते
अनायास तुम्हारी चोटी में
थके हाथ रखकर कहा जा सकता है
कितनी सुन्दर है!
तुम कह सकती हो—
खोल दो, अच्छा लगेगा

क्लास से थकी
तुम्हारी ठुड्डी से लुढ़कते
पसीने के मोती जैसे कण को

चुन लूँ, तो शायद
उँगली उठाकर तुम कहो
ऐ बालक! शरारती न बनो

किसी-किसी रात
जब घनघोर वर्षा होती है
खिड़की के पास
अकेला खड़ा हो देखता हूँ
महाविद्यालय प्रांगण से
अस्तव्यस्त निकल रही हो तुम
मैं कहता हूँ–इतनी देर!
कितने क्लास थे?
कब से खड़ा हूँ मैं!

आँचल से चेहरा पोंछती हुई
तुम कहती हो–
यही अच्छा है
अच्छा लगता है
किसी का प्रतीक्षा में रहना

उसके बाद फ़ुटपाथ, लोकारण्य
ट्राम-बस-टैक्सी के शोर
सब मिट जाने के बाद
फिर वही ख़ामोशी

कहीं खो जाने से पहले
देख लेता हूँ
तुम्हारी छाती में सजी किताब-कापियाँ
चोटी का मोहक जादू
अठारह वर्ष का वही अंग सौन्दर्य
पलकों में वसन्त, फूल, तितलियाँ
घर, झील, हिरण

यही अच्छा है
जिस तरह गुज़रे छत्तीस वर्ष
घर मिल जाता तो शायद
उम्र भी बढ़ जाती अब तक
घटा से काले बाल
शायद सफ़ेद हो जाते कहीं-कहीं से
बीमारी की हालत में
हम दोनों के बीच
शायद मृत्यु की बातें भी होतीं

यही अच्छा है
अज्ञातवास का यह खेल
इस नील आलोक में
तुम रह गयी हो
अठारह-उन्नीस में स्थिर
मैं चौबीस-पचीस में
यही अच्छा है।

2. उत्सव के अगले दिन

आओ
हम उत्सव के नगाड़े बजा दें

पृथ्वी की तरह विशाल इस पत्थर ने
अपनी घायल छाती फैला दी है
छिद्रों से रिस रहे हैं ख़ून
यह समय हमारे इकट्ठे होने का है
यह समय
जुलूस में शामिल होने का है

सरकस के सुसज्जित घोड़े

अभी थके हैं
जोकर ने कृपाण

अपनी छाती में घुसेड़ ली है
देखो, आकर्षक वस्त्र के नीचे
उसके समस्त अवयव
धीरे-धीरे पिघल रहे हैं
उसके चेहरे की सारी चालाकी
मिट रही है
यह समय हमारा है, आओ
हम उत्सव के नगाड़े बजा दें

उसके हृदय के ऊपर ज़मी है
वर्षों पुरानी धूल
उसकी रोगशय्या के पास
खड़े हैं हम
यह समय है कि हम
छीन लें चाभियाँ

तट और जहाज़ के बीच देखो
कितनी उथल-पुथल है
आओ, असहाय थके नाविको आओ
बेबिलान के हवाई बाग़ को उखाड़कर
कन्धे-से-कन्धा मिला
इस बर्बादी के ख़िलाफ़ हम खड़े हो जायँ
आओ हम एक साथ कहें—नहीं!
हत्या और आत्महत्या के परीक्षण से
आओ हम मुक्त कर दें
सभी प्रयोगशालाओं को

माता की गोद और पिता के स्नेह से
वंचित हम

नफ़रत, ईर्ष्या और आतंक के विष में
ख़त्म हो जायँ उससे पहले, आओ
धरती की रक्तरेखाओं पर क़दम रखकर
अपने-अपने परित्यक्त घरों की ओर
मुड़कर देखें हम।

3. ट्रेन

हम प्रेम की बातें कर रहे थे
हम प्रेम की महानता की बातें
कर रहे थे
प्रेम-प्रेम कहते हुए हम
अँधेरे को पराजित कर रहे थे
अलौकिक आनन्द
हमारे चारों ओर जुगनू की तरह
चमक रहा था, लेकिन
प्रेम की बातें करते हुए हम
जब नफ़रत के क़रीब
पहुँच गये थे
ठीक उसी समय
मध्यरात्रि की ख़ामोशी को तोड़ते हुए
आख़िरी ट्रेन की सीटी बज उठी
और नफ़रत से घिरे हम
लौटने की आशा में
फिर प्रेम प्रेम कह उठे

हम भोर की हवा के साथ
दोपहर की धूप के साथ
गोधूलि की रक्तिम छाया के साथ
अँधेरे को पराजित करने की प्रतिज्ञा में

जब दृढ़ हो रहे थे
ठीक उसी समय
स्टेशन की आख़िरी बत्ती बुझ गयी

प्रकाश के नये वृत्त
जब पृथ्वी पर फैलने लगे
गार्ड, स्टेशन मास्टर, फेरीवाला
मानव सम्बन्धों के अधीन होने लगे
हम जानवर की तरह भूखी आँखों से
अपना परिवेश
प्रेम के मलबे देखते रहे

पहली ट्रेन आने का समय हो गया
हम विचलित नहीं हुए
हम आख़िरी ट्रेन के लिए
प्रतीक्षारत थे
ऐसा भी नहीं था।

4. बूँदें टपकती हैं

दूध-सुपारी के वन में
सोनामुखी नारियल की डाली को छूकर
क्या अब भी बहती है
बंगोपसागर से चली हवा?

सुनहली धूप
क्या अब भी अपना चेहरा देखती है।
ज्वार के पानी में?

अनाज कूटने के बाद
शाम को जब थकान आती है

नींद आती है
पैर पसार कर

पंखे की मुलायम हवा खाने के बाद
जब गंगा के घाट पर जाती हो
पानी में वक्ष डुबोती हो
तो क्या अब भी
आँखें छलछला उठती हैं
टपकती हैं बूँदें?

सिकन्दर अबु जफर की कविताएँ

5. बांग्ला छोड़ो

लाला-लाल आँखों की आग में
झुलसते रहे हैं अब तक
अपमान की विषज्वाला से
तड़पते रहे हैं अब तक

ख़ूनी चाक़ू उठा ही लिया जब
फैसला अपना करना होगा
सीने के ऊपर के साँप
आज तुझे यहीं मरना होगा

खेल तुम्हारा ख़त्म हुआ
धरती हमारी छोड़ो
आकाश से हमारे
      हट जाओ तुम

तुम बांग्ला छोड़ों

हाथों में तुम्हारे देते रहें हम
अपने हृदय के फूल
तुमने कभी प्रेम नहीं दिया
दिये अपमान के शूल

आज स्मृति में रह गयी है
बस उसी की ज्वाला
अन्धकार में अब नहीं रहना
करना है उजियाला
अपना भार उठा रहे हैं
अब अपने कन्धों पर हम
तुम यहाँ की हवा-पानी से
अपना नाता तोड़ो
आकाश से हमारे
    हट जाओ
तुम बांग्ला छोड़ो

6. माँ के घर का रास्ता

माँ के घर
जब जी चाहे आओ
आठों पहर खुले हैं
सब दरवाज़े

रास्ता पहचानने में
तकलीफ़ नहीं होगी
हड्डी के चूर्ण
सर का भेजा
टुकड़े-टुकड़े कलेजे
बिछे मिलेंगे

देखते ही पहचान लोगे
चलते-चलते सिहर उठेगी देह
लगेगा, क़दमों में लिपट रहे हैं
किसी की आशा, किसी का प्रेम
किसी की माया, किसी का स्नेह

रास्ते में यदि
अँधेरा घिर आये
मृत बेटे की माँ का विलाप
बता देगा तुम्हें
किधर चलना है

7. नीलामी

भाग जाओगे?
रास्ता कहाँ है?

तुम्हारे सिर का बोझ
बढ़ा रही हैं वे दीवारें
जिन्हें तुमने खड़ी की हैं
सभी रास्तों पर
महाराज!

सुनो महाराज!
इक्कीस की आग में झुलसकर
जिन प्राणों ने भरे हैं
फूलों में रंग
जिनके नामों के अजान
आकाश को चीरते हुए
तूफ़ान बन रहे हैं, देखो
उनके लाखों भाई-बहन

नक़ाबों को नोचकर
उतार रहे हैं

चेहरा छिपाओगे?
जगह कहाँ है
इतनी आँखों की भीड़ में?

इतिहास में नीलाम
बोल लगा रहा है, महाराज
मिट्टी के मोल बिक रहा है
नकली सोने का ताज़।

फारूख अहमद की कविता

8. जितनी बार मैंने सुनी है

भुखमरी और महामारी के दिनों में
जितनी बार मैंने सुनी है
किसी भूखे बच्चे के रोने की आवाज़
उतनी बार आहत नज़रें उठाकर
देखा है दूर-दूर तक
लेकिन मेरे धूसर दिगन्त में कहीं
विशालकाय नेता की
वह तस्वीर नहीं दिखी है, जिसमें
पीड़ित लोगों के लिए
राहत सामग्री ढोती उसकी पीठ,
सेवा भार से थोड़ी भी झुकी हो

धुँधले में अँधेरे में
जितनी बार मैंने सुनी है

उजड़े घर किसी नारी की
करुण पुकार
उतनी बार आहत नज़रें उठाकर
देखा है दूर-दूर तक
लेकिन मेरे धूसर दिगन्त में कहीं
नहीं दिखी है उस महान महिला की छाया
पीड़ित मानवता की सेवा के लिए
जिनके दो हाथ
हमेशा आगे रहते हैं

रात के घने अँधेरे में
जितनी बार मैंने देखी है
लोभी, शैतान की निर्लज्ज शैतानी
उतनी बार आहत नज़रें उठाकर देखा है
लेकिन, कहीं नज़र नहीं आये हैं
झोल-धारी शक्तिमान वह युग पुरुष
प्रियतम अपने पुत्र की
रक्तरंजित देह भी जिन्हें
निष्पक्ष न्याय और कर्तव्य पथ से
विचलित नहीं कर पायी थी।

मजहरूल इसलाम की कविताएँ

9. अग्निवलय के किनारे

करोड़ों लोगों के हृदय में
बज रही है

धूप से रंगे संकल्प की
यह वाणी
हम जीना चाहते हैं
हम जीना चाहते हैं

अग्निवलय के किनारे
मुखर हो रहे हैं
अनगिनत लोग,
आँधी और तूफ़ान में
छिन्न-विच्छिन्न हुई नाव
आ लगी है रोशनी के घाट में

यहाँ से शुरू होगी
इतिहास की यात्रा
यहाँ से चलेंगे सभी जुलूस
एक नयी दिशा की ओर।

10. भाग्य का परिहास

इसलामाबाद को झकझोरते हुए
मर्द ने हुंकार भरे
जिसकी आवाज़ आ टकरायी
चट्टगाँव के पहाड़ों से

उन्होंने कहा गाय और मेष
इन्हीं को लेकर है बांग्लादेश
दे दो उन्हें कुछ दाने फूँस-घास
चबायेगा, खायेगा
बेख़बर आराम की नींद सोयेगा

आदेश पालित हो गया जनाब का
पहुँच गये दाने फूस-घास

लेकिन बुझी नहीं आग
जलने लगा सब कुछ
पनपने लगा विद्रोह

प्रति हुंकार से काँपने लगा बंग
इसलामाबाद में फैलने लगा आतंक

प्राण छोड़ गया देह
पड़ी रही लाश
हाय रे मर्द!
यही है भाग्य का परिहास।

अबुल हुसैन की कविताएँ

11. नजरूल इसलाम की तस्वीर देखकर

मेरी क़िस्मत अच्छी थी, कि
इस शताब्दी के उन्तीस, अट्ठाईस, सत्ताईस
वर्षों में गुज़रा है मेरा बचपन
अन्यथा मैं भी बह जाता
उस प्रवाह में
जिसमें बह गया था कुमिल्ला, चट्टगाँव, ढाका

लगातार होती
गीत, ग़ज़ल, कविता, कहानी की बैठकों से
भर गया था बांग्लादेश,
परदे की ओट से निकल आयी थीं नारियाँ

गहरी नींद की रात बीती थी
सबेरा हुआ था, लेकिन
आग की लपटों ने छू लिया था
सारे देश को
तुम्हारे गीतों को गाते हुए
निर्भय फाँसी के मंचों पर
चढ़ते रहे थे हज़ारों युवक
युवतियों ने अपना वक्ष चीर कर
दिया था बांग्ला का ख़ून

तुम विद्रोह के कवि हो
जब सोचता हूँ तुम्हारी बातें
एक आवेश जागता है ख़ून में
मेरे सीने में और
मैं चकित होकर
देखता रहता हूँ तुम्हारी तस्वीर।

12. मैं अकेला

मैं अकेला हूँ
संगति विहीन भी कहा जा सकता है

साथ निकले थे हम
चलने के लिए लगातार
पाने के लिए मंज़िल

हममें से कई
रास्ते के अकेलेपन से ऊबकर
पीछे हटते गये
अनायास कुछ न पाने के कारण
कई मुड़ते गये

बहता पसीना, ख़ून, आँखों से पानी
परेशानी ही परेशानी
इससे भी घबराये कई
छोड़ते चले गये साथ

जिसने समझौते किये
गरम है उसकी जेब
सजी है महफिल उसी के लिए
बज रही हैं तालियाँ

तुम्हें मुबारक हो तुम्हारी दुनिया
मेरा रास्ता अलग है दोस्तो।

सैयद अली अशरफ की कविता

13. आदम

ओ बच्चों की टोली!
सड़कों पर, मैदानों में
एक ही हृदय देख रहा हूँ
अयाचित एक ही दृश्य
मौत का नीला रंग
सीढ़ी के हर एक क़दम पर
देख रहा हूँ
जलती आँखें और
पाप का मौन जुलूस

आत्मपूजा में व्यस्त है
विवसना नारी
आँखों में है गर्वभरी दृष्टि
हँसी के अग्निवाण से
जला रही है वह पुरुष-हृदय
लोलुप दास, स्वेच्छा से
पहन रहे हैं फाँसी के फन्दे

तीर की स्वच्छन्द गति
हेलन का अवर्णनीय रूप
दिग्भ्रान्त युलिलिस
फिर भी जली है ट्राय में चिता

मजनूं और कैस का
निरर्थक है इस क्षण उल्लास
प्रणय की आग से निकलने दो
मुक्ति का नया सूरज
मुक्ति, मुक्ति का मार्ग बनाओ।

अब्दुल गनी हज़ारी की कविताएँ

14. मजार में : जिब्राइल से बातचीत

अगरबत्ती बेचनेवालों की नज़रें
पीछे छोड़ता हुआ
भिखारियों की पेशेवर उदासी की
उपेक्षा करता हुआ

उनके साथ मैं भी बढ़ता गया

संकीर्ण आँगन में जूते उतार
सिर रूमाल से ढँक
विस्मृत भक्ति को याद कर
हम प्रवेश कर गये
मजार की प्राचीनता में
एक एकान्त सुबह में

आधे-अँधेरे में भक्तजन
मजार के चारों ओर बैठकर
मदरसा के छात्रों की तरह
झूमते हुए
दुरूद पढ़ रहे थे

इसी बीच, जिब्राइल तुम्हें देखा
समाधि स्तम्भ में पीठ टिकाकर
तुम बैठे थे
उदास पाण्डुरोगी की तरह
अचानक मुझे लगा
हमारी अक्षमता के दूत
तुम हमारे रास्ते भूल गये हो

हम नहीं दे पाये हैं
हेरा की शान्ति
रेगिस्तान का ईश्वरीय परिवेश
खजूर का निर्लिप्त समर्पण
एकान्त ओएसिस की तन्मयता

जन-विस्फारण से आक्रान्त हैं हम
तुम्हारे लिए थोड़ी सी शान्ति

थोड़ा सा स्वर्गीय परिवेश
निष्पाप उन्मुक्त समर्पण या
विगत दिनों की हमारी भावनाएँ
नहीं दे पाये हैं हम

फिर भी यदि आ सको
नया बाज़ार के वन-वे की
गंदगी से गुज़र कर
इसलामपुर के व्यापारियों की
उदासी को पार कर
जिन्न-अवेन्यू के मृतक
मध्यमवर्गीय उस लाश की
उपेक्षा कर यदि आ सको
तो ज़रूर आना
स्वर्ग का अन्तिम समाचार लेकर

हाय जिब्राइल
विश्वासी जन अब कहाँ से लायें?
तुम्हारे भेजे हुए बन्दे
अब अपने ही लिए प्रार्थना करते हैं
मोमिनों के विश्वास के ऊपर इसीलिए
जम रही है धूल और
आत्माविहीन हो रहे हैं उनके तन।

15. सुबह के अँधेरे में

रेडियो से प्रचारित
नवजीवन के गीत
कितने अनोखे लगते हैं—
सोने का मेरा देश
सोने का मेरा देश

अहाते में चलती
सामूहिक कसरत से
निकाला जाता है
देशप्रेम का अर्थ
भोले कवियों के शब्द
विद्रोह की प्रतिज्ञा के बाद
वंचित होकर आँसू बहाते हैं
जैसे वायलिन के तार पकड़कर
गृहस्थ की नाबालिग वधू
भाई के स्थगित आगमन की
प्रतीक्षा में
सड़क देखती रह जाती है

दूर से आ रहे
गाड़ी वाले का हृदय विदारक सुर
गाड़ी के चाक के आर्तनाद से मिलकर
सुना रहा है
आशा भंग की करुण कहानी

हाय रे मेरा देश!
प्रार्थना की सुबह
तुम फिर भी ठीक लगते हो, लेकिन
सूरज की तेज़ रोशनी में
हमारी ग़रीबी छिपती नहीं है।

16. प्रेम है इसीलिए

कितनी मौतों की पीड़ा
तूफ़ान के कितने दर्द
जाग रहे हैं
हमारे भीतर

क्या आँकी जा सकती है
इस जीवन की क़ीमत?

मित्र नाव खे रहे हैं
किसी घाट की ओर
कौन जाने किधर है
वह घाट
उस घाट में हमें
नाव लगानी ही होगी
यह संकल्प जीवित है
मृत्यु नहीं है इसलिए

शवगृह के अँधकार में
खो गये हैं कितने जीवन
स्तब्ध सुबह
हज़ारों प्रश्न लेकर
सामने खड़ी है

बरकत की माँ का रुदन
पृथ्वी को झकझोरते हुए
कितनी बार उभरा
और फिर दब गया
ऐसी अनेक मौत की यादों ने
हमें बना दिया है मृत्युहीन

तुमसे प्रेम है, हे जीवन!
इसीलिए इतनी आसानी से
हम न्योछावर कर पाते हैं
अपना जीवन।

हबीबुर रहमान की कविता

17. परिवेश

सूरज ने बिखेर दीं
सुनहली किरणें
हेमन्त के खेतों में
गाँव की प्यारी वधू ने
रच दिया माया का संसार
पीली धूप ले आयी
अनन्त सम्पदा
साँवली लड़की छोड़ गयी
जादू भरा स्पर्श

खेतों को देखकर
भर जाता है हृदय और
घाट की ओर
ताकती रह जाती हैं आँखें

हवा ढो रही है किसी की याद
मुट्ठी में भरकर सोने का चूर्ण
लगा रही है आँखों में

पोखर के शान्त घाट में
धीरे-धीरे आती है वह
देखती है छिप-छिपकर
आँखों के काजल से
खींचती है मन में रेखाएँ

खेतों में है स्वर्णिम सुख
घाट में हैं आँखें उन्मुख

यह सोना मेरा चिर परिचित है
जिसका सपना देखता रहा हूँ
हल की नोक में

यह स्वच्छ मायावी परिवेश
जागता है
मेरे फूँस के घर में
मेरे मन का सोना
मेरी आँखों के सपने
धूप के झरने ले आते हैं
खेतों में, घाटों में

खेतों में पहचाना है
जिसका चेहरा
घाटों में देखता हूँ
वह रहती है उन्मुख।

अब्दुर रशीद ख़ान की कविता

18. पटरियाँ

तुम और मैं
पास-पास हैं
तुमने अपना हाथ
धीरे से रखा है
मेरे हाथ के ऊपर
फिर भी हमारे बीच की दूरी
हज़ारों योजन की है

गाड़ी आती है
गाड़ी गुज़र जाती है
पटरियाँ रह जाती हैं
समानान्तर
किसी की आँखों में
बसा हुआ हूँ
फिर भी बसा नहीं हूँ
हूँ पास-पास
रेल की पटरियों की तरह।

अताउर रहमान की कविता

19. एक दिन प्रतिदिन

प्रतिदिन एक ही रास्ते से
अपनी परिक्रमा पूरा करता है

मन का प्यासा संग्राहक
परित्यक्त रास्ते से
चुनता है वह सूखे फूल
जो गिरते हैं टूटे गुलदस्ते से

वह नाव खेता है
एक ही घाट में
सुबह, दोपहर, शाम
कभी धूप में, कभी वर्षा में
हवा के दबाव से खुलता है
नाव का पाल

अदृश्य अतीत की गहराई से
पुरानी यादें
हृदय में बनाती हैं
कई तस्वीरें

यद्यपि कालिखपुती लालटेन से
निकलती रोशनी है वह, फिर भी
विनिद्र रातों में
मायावी की तरह आती है
और मेरी चेतना में
साँप की तरह लिपट जाती है

जिल्लुर रहमान सिद्दीक़ी की कविताएँ

20. हृदय में जनपद में

हृदय और जनपद में
लगातार यात्रा पर है
अकेला बाउल,
दरवाज़ा खोल उसे पुकारते हैं
कभी दिन, कभी रात

लगातार यात्रा पर है बाउल
कभी चाँदनी में, कभी वर्षा में
कभी धूप में, कभी छाया में
बिखरी-बिखरी हवा

कभी ले आयी थी यहाँ
एक अच्छी ख़बर
यह धरती स्वर्ग बन गयी थी तब
आज भी एकान्त में
बूँद-बूँद टपकती हैं
खुले आकाश की इच्छाएँ

कभी कोलाहल, कभी सन्नाटा,
जनपद हृदय को भेजता है ख़बर
लगातार
ध्वनि से प्रतिध्वनि कैसे बनती है
काश! वह जानता!

21. यदि रह जायँ तितलियाँ

पेंटागन की अभयवार्ता है, कि
महान है यह निउट्रन बम
यह नहीं तोड़ता है मकान, शहर
मारता है केवल आदमी, दुश्मन

सुबह की धूप में
घासों के चादर के ऊपर
इठलाती, नाचती, उड़ती फिरती हैं
तितलियाँ
कभी-कभी नज़र नहीं आती हैं
इतनी छोटी भी होती हैं
तितलियाँ

तितलियों से
चिड़ियों से
मधुमक्खियों से

लगाव नहीं रखता है
पेंटागन

लगता है रेडियोधर्मिता की मार को
रोका नहीं जा सकेगा
हादसा घट जाने के बाद
लाशों के ढेर के ऊपर
यदि रह जायँ तितलियाँ
तब भी अच्छा है।

शमसुर रहमान की कविताएँ

22. बन्दी शिविर से

ईर्ष्यातुर नहीं हूँ, फिर भी
आप सबसे ईर्ष्या करता हूँ
आप अच्छी क़मीज़ पहनते हैं
पार्क की बेंच पर बैठकर
वार्तालाप करते हैं, इसलिए नहीं
अच्छा भोजन करते हैं, सबान्धव
आनन्द मनाते हैं
इसलिए भी नहीं

दोस्तो! आप जो कवि हैं
स्वतन्त्र एक देश के कवि
आपके उस भाग्य पर
ईर्ष्या हो रही है आज

जब जिस तरह चाहें
मन के शब्दों के प्रयोग
कितनी सहजता से कर लेते हैं आप
जब जिस शब्द की
उपयोगिता महसूस करते हैं
उसे सजाते हैं पयार में,
कभी अमित्राक्षर में और
कभी क्षिप्रमात्रावृत्त में

राजहंसिनी सी वे कविताएँ
सगौरव जाती हैं आदमी के पास
बटोरती हैं आत्मीयता

इधर, मेरे देश के
इस बन्दी शिविर में
मेरी साँसें घुट रही हैं,
सर पटक कर मर भी जाऊँ तो
उच्चारित नहीं कर पाऊँगा
मन का कोई शब्द
मन की कविताएँ लिखने का
मेरा अधिकार
छीन लिया है उन्होंने

खुली सड़क पर भी यदि
चाँद, फूल, चिड़िया, नारी जैसे
शब्दों के प्रयोग
चिल्ला-चिल्लाकर करूँ, तो
कोई नहीं रोकेगा मुझे, लेकिन
कुछ शब्दों के प्रयोग
ग़ैर-क़ानूनी हैं यहाँ
अपनी भयानक विस्फोटक शक्ति के कारण

आज़ादी शब्द को
भरे गले से पूरी तरह उच्चारित कर
बार-बार तृप्त होना चाहता हूँ
शहर के चप्पे-चप्पे में
हर सड़क, गली-कूचे के
सभी मकानों में
रंगीन तख्तियाँ लटकाकर
बड़े-बड़े अक्षरों में
लिख देना चाहता हूँ
आज़ादी

आज़ादी शब्द
इतना प्रिय है मुझे
इस तरह नहीं जाना था कभी

बन्दूकें तानकर उन्होंने
आज़ादी, बांग्लादेश जैसे शब्दों से
अलग कर रखा है मुझे
लेकिन वे नहीं जानते
पेड़ की पत्तियों में, फ़ुटपाथों में,
चिड़िया के परों में,
नारी की दो आँखों में
सड़क की धूल में
नटखट बच्चे की मुट्ठी में
देख रहा हूँ
आज़ादी शब्द
लगातार धधक रहा है।

23. तुम्हें पाने के लिए, हे स्वाधीनता

तुम्हें पाने के लिए, हे स्वाधीनता
तुम्हें पाने के लिए

और कितनी बार तैरना होगा
ख़ून की गंगा में?
और कितनी बार देखना होगा
खाण्डव दहन?

तुम आओगी इसलिए, हे स्वाधीनता
साकिनाबीबी की क़िस्मत फूटी
माँग उजड़ गयी हरिदासी की
तुम आओगी इसलिए, हे स्वाधीनता
शहर के सीने को रौंदते हुए
हरे रंग के टैंक आये,
दानवों की तरह शोर मचाते हुए

तुम आओगी इसलिए, हे स्वाधीनता
छात्रावास, बस्ती उजड़ गयी
रायफल और मशीनगन की आवाज़ों से
दिशाएँ गूँज उठीं
तुम आओगी इसलिए
राख होते गये
गाँवों के बाद गाँव
तुम आओगी इसलिए
मालिक के ध्वस्त घर के ऊपर
खड़ा होकर लगातार रोया एक कुत्ता
तुम आओगी इसलिए,
हे स्वाधीनता
अबोध शिशु घुटनों के बल रेंगा
माँ-बाप की लाशों के ऊपर

तुम्हें पाने के लिए, हे स्वाधीनता
तुम्हें पाने के लिए
और कितनी बार तैरना होगा

ख़ून की गंगा में?
और कितनी बार देखना होगा
खाण्डव दहन?

स्वाधीनता, तुम्हारे लिए
एक जर्जर बूढ़ा
बैठा हुआ है उदास बरामदे में
उसकी आँखों के नीचे है
अपराध का मद्धिम आलोक

स्वाधीनता, तुम्हारे लिए
मुल्ला परिवार की एक विधवा
खड़ी है
उजड़े घर का खूँटा पकड़ कर

स्वाधीनता, तुम्हारे लिए
कंकाल-सी एक अनाथ किशोरी
सड़क किनारे बैठी हुई है
ख़ाली थाल हाथ में सँभाले

तुम्हारे लिए
सगीर अली, शाहबाजपुर का वह जवान किसान
कन्हैया दास, मछुआ टोली का सबसे साहसी आदमी
मतलब मियाँ, मेघना का कुशल माझी
गाजी गाजी कहकर जो नाव खेता है
ज़ोर तूफ़ानों में भी
रुस्तम शेख, ढाके का रिक्शावाला
जिसके फेफड़े में अभी है कीटाणुओं का साम्राज्य
और रायफल ताने वन-प्रान्तरों की खाक छानता
वह फुर्तीला नवजवान
जिसके क़दमों के नीचे आकार ले रही है

एक नयी दुनिया,
सब अधीर प्रतीक्षा में हैं तुम्हारे लिए
हे स्वाधीनता

पृथ्वी के एक छोर से दूसरे छोर तक
ज्वलन्त घोषणा की ध्वनि-प्रतिध्वनि के साथ
नये निशान लहराकर
दिशाओं में हुंकार भरते हुए
इस बंग भूमि में
तुम्हें आना ही होगा—हे स्वाधीनता।

24. सड़क का कुत्ता

वह है सड़क का कुत्ता
सारा दिन दौड़ता है इधर-उधर
कभी कचड़ेदान से तलाश लेता है भोजन
कभी प्रेमिका के लिए लगाता है छलाँग
मुँह में हड्डी दबाये बैठता है
पेड़ की छाया में
पूँछ हिलाता है कभी
कभी आनन्द विभोर हो लोटता है
धरती पर, कभी वह
ख़ामोशी में भर देता है चीत्कार

मैं क़ैद हूँ अपने घर में
सिर्फ़ अपनी साँसों की आवाज़ सुन पाता हूँ
इतनी ख़ामोशी है,
हम कई प्राणी
कब से बैठे हैं ख़ामोश
मैं अर्थात् डरा हुआ एक मर्द
वह अर्थात् डरी हुई एक औरत

वे अर्थात् अति मौन कई बच्चे

क़ब्र-सी ख़ामोशी में बैठे हम
अचानक बोल उठी छिपकली की आवाज़ भी
दबा देना चाहते हैं, ताकि
हमारी मध्यवर्गीय सुरक्षा को छिन्न-भिन्न कर
कोई प्रवेश न कर जाय यहाँ

शहर में टहल रही है सेना
गोलियाँ चल रही हैं
तोप गरज रहे हैं
टैंकों के आगे रुकावट नहीं है
गली, सड़क पर गिर रही हैं लाशें
प्लेग से आक्रान्त चूहे की तरह
हम कई प्राणी ख़ामोश बैठे हैं कब से!
अचानक प्रबल शोर कानों से टकराता है
परछाईं की तरह
खिड़की के पास जाकर देखता हूँ
सड़क का वह कुत्ता
प्रतिरोध बनकर खदेड़ रहा है
सेना की जीप को
सोचता हूँ–
यदि मैं होता सड़क का कुत्ता!

25. रोज़नामचा

हमेशा की तरह, नियमबद्ध पक्षियाँ
आपनी दस्तक से जगाती हैं मुझे
बिछावन छोड़ दाँत, चेहरा साफ़ कर
टहलता हूँ और
इलियटी अन्दाज़ में बुदबुदाता हूँ–

अप्रैल निठुरतम माह!
नाश्ते में थोड़ी सी चाय और बिस्कुट के साथ
शुरू होता है मेरा मध्यमवर्गीय दिन
समाचार-पत्रों का टोकरी भर झूठ निगलता हूँ
कभी सूने आकाश को देखता हूँ, अचानक
सेना का युद्धविमान
नीलिमा को चूर्ण-विचूर्ण कर जाता है।

दाल-भात के उदास कौर
किसी तरह मुँह में ठूँसकर, दस बजते-बजते
कार्यालय के लिए तैयार होता हूँ
चेहरे की हर एक रेखा पर
केंकड़े की तरह रेंगने लगता है आतंक
रास्ते में तेज़ रफ़्तार से निकलती है ट्रक
हाथ-पैर बँधे, आँखों में पट्टी
अस्पष्ट कुछ चेहरे
बग़ल में रायफल ताने पंजाबी सैनिक
छात्र नहीं हूँ, मुक्तिसेना नहीं हूँ, फिर भी
हैंड्स अप की ज़ोर आवाज़ के साथ
स्टेनगन लिए दौड़ आता है पश्चिमी जवान
कालर पकड़कर प्रश्न उछालता है—
बंगाली हो?
मैं रुद्धवाक क्या जवाब दूँ

प्रखर दिन के आलोक में
वीरदर्पी सैनिक
क्षण भर में हो उठता है लुटेरा,
खोकर कुछ रुपये
श्वसुर जी की दी हुई कलाई घड़ी
पहुँचता हूँ कार्यालय रूपी गुफा में

रोज़ की तरह
पानासक्त प्रेसिडेंट, जो स्वयं भी एक सैनिक हैं
भाषण दे रहे हैं रेडियो-दूरदर्शन पर
मदमत्त स्वर में
सफ़ाई गा रहे हैं जनहत्या की, कह रहे हैं–
विदेशी संवाददाता तथ्यों को तोड़-मरोड़ कर
पेश कर रहे हैं
राई को पर्वत बना रहे हैं
लाखों नागरिकों की हत्या उनकी वीर सेना ने
नहीं की, गाँव शहर नहीं जले,
सब झूठ है, सब अफ़वाह है

सत्य पर केवल उन्हीं का एकाधिकार है
इसे ही कहते है–कसाई खाना की हिकमत
हुजूर हमारे हैं धर्मपुत्र युधिष्ठिर!

ज़ंजीरों में बँधे दुनिया के किसान-मज़दूर सुनो
सर्वहारा की हत्या के लिए
लगातार आ रहे हैं बम और बारूद
तानाशाह के हाथों में
कभी वे ही भेज रहे हैं सूखा दूध
वाह, क्या राजनीति है
चीन और अमेरिका की!

बहुत साधारण है यह जीवन
प्रशंसा या तिरस्कार
कुछ भी नहीं है नसीब में
सत्य पर बलात्कार देख
निरपराधों की हत्या देख
ख़ामोश रह जाना पड़ता है
बूटों के नीचे कुचला जा रहा है
सारा देश

ख़ून की धाराएँ बह रही हैं
बह रही हैं अनगिनत माताओं की
अश्रुधाराएँ

गली मुहल्ले में कहीं-कहीं
नाले काटकर लाये जा रहे हैं मगरमच्छ
अन्धकार फैलने के साथ ही
और अब तो दिन के उजाले में ही
शुरू होता है
राज्याश्रित लोगों...पुलिस और सेना का
तांडव
अन्तहीन है धर-पकड़
मध्यरात्रि में जब किसी नारी के चीत्कार से
खुल जाती हैं आँखें, तो
घबरायी पत्नी को देख सोचता हूँ—
जान देकर भी इज़्ज़ त बचा सकूँगा तो

कहीं-कहीं व्यवस्था का गुणगान कर रहे हैं
बेशर्म सरकारी दलाल
कहीं इसलामी बोल सुनाकर
बुलबुल बनना चाहता है मृतक के बाग़ में कोई
कहीं भाई के हत्यारे के साथ मिल रहे हैं हाथ
दलाल गद्गद हैं, बातूनी युवक और गुण्डे
शान्ति फैला रहे हैं

हाथों में हथियार लिए
गली-गली घूम रही है मोहम्मदी बेग की टोली
चमक रही है नंगी तलवार
नेपथ्य में वक्रमूँछों के नीचे
मुस्कुरा रहे हैं मीरजाफर

26. उद्धार

कभी बरामदे में
ख़ूबसूरत बड़े गुलाब को देखकर
कभी चैत के दोपहर में
शीतल छाया का प्रलेप देखकर
कभी सिद्धार्थ की अलमारी में
दारुमूर्ति को देखकर
सोचा करता था
युद्ध के ख़िलाफ़ हूँ मैं,
मैं आजीवन बहुत शान्तिप्रिय हूँ

जब मेरी छोटी बच्ची
किसी कोने में बैठकर
गुड़िये को सजाती है
नाचते भालू को देख
खिलखिला उठती है
पूरे घर में दौड़ाती है
मोटर, रेलगाड़ी
सोचता हूँ
युद्ध के ख़िलाफ़ हूँ मैं,
मैं आजीवन बहुत शान्तिप्रिय हूँ

जब पत्नी
सांसारिक कर्मों से निवृत्त होकर
पास बैठती है
मधुमय बनाकर प्रज्वलित कर देती है
अतीत को,
सोचता हूँ
युद्ध के ख़िलाफ़ हूँ मैं,
मैं आजीवन बहुत शान्तिप्रिय हूँ

आजीवन युद्ध से नफ़रत है मुझे
अस्त्रों की झंकार से
धमनियों के रक्तप्रवाह में
नशा नहीं फैला है कभी
यद्यपि पिता थे निपुण शिकारी
मैंने एक चिड़िया भी नहीं मारी है कभी
सच कहूँ, तो
छुई ही नहीं कभी गोली

गांधीवादी नहीं हूँ, फिर भी
हिंसा से हमेशा डरता हूँ
जब कहीं लड़ाई छिड़ती है
मन विषाद से भर उठता है,
आजीवन युद्ध से नफ़रत है मुझे

महामारी और अकाल की तरह ही
फैलता है युद्ध
बच्चे, बूढ़े, जवान, औरत सब
लुढ़कते जाते हैं मृत्यु की गोद में
लगातार लगातार

मूल्यबोध नामक प्राचीन वृक्ष की जड़
उखड़ रही है
चारों ओर से उठ रहे हैं
ध्वंस के शोर

आजीवन युद्ध से नफ़रत है मुझे लेकिन
बेदखल हुए इस छिन्न-भिन्न शहर में
पुत्रहीन वृद्ध सज्जन से पूछिए
सैनिक धर्षिता युवती से पूछिए
आँसुओं के सागर में डूबी विधवा से पूछिए
वाक्हीन कवि से पूछिए

दग्ध स्तब्ध मुहल्ले के नि:संग लड़के से पूछिए
हाय, शान्तिप्रिय भद्रजन!
सब कहेंगे अब एक स्वर में
युद्ध ही उद्धार है।

27. स्वाधीनता तुम

स्वाधीनता तुम
रवीन्द्रनाथ की अजर कविता
अविनाशी गान हो

स्वाधीनता तुम
काज़ी नज़रुल के घने अविन्यस्त बाल
सृष्टि सुख का उल्लास हो

स्वाधीनता तुम
शहीद मीनार में आयोजित
इक्कीसवीं फ़रवरी की महत्त्वपूर्ण बैठक हो

स्वाधीनता तुम
फ़सल भरे खेत में
किसान की हँसी हो

स्वाधीनता तुम
धूप में चमकती जवान किसान की
मज़बूत पेशी हो

स्वाधीनता तुम
अँधेरे में चमकती
मुक्तिसेना की आँख हो

स्वाधीनता तुम
चायखाने और खेतों मैदानों में
चलती तूफ़ानी बहस हो

स्वाधीनता तुम
दिगन्तविस्तृत आँधी के
मत्त थपेड़े हो

स्वाधीनता तुम
सावन में फैला
मेघना का विशाल वक्ष हो

स्वाधीनता तुम
पिता की कोमल जानमाज की
उदार ज़मीन हो

स्वाधीनता तुम
आँगन में टँगी माँ की सफ़ेद साड़ी का
कम्पन हो

स्वाधीनता तुम
बहन की साफ़ हथेली में
मेहँदी का रंग हो

स्वाधीनता तुम
दोस्त के हाथ में चमकता
रंगीन पोस्टर हो

स्वाधीनता तुम
हवा में लहराते

पत्नी के खुले बाल हो

स्वाधीनता तुम
बेटे के बदन की रंगीन क़मीज़
बेटी के गाल पर खिली धूप हो

स्वाधीनता तुम
सुसज्जित वाटिका हो
कोकिल की तान हो
प्रौढ़ बरगद की झिलमिल पत्ती हो
जैसा चाहूँ लिखूँ
वह मेरी कविता की कापी हो।

28. दुःस्वप्न में एक दिन

मिल रहे हैं
चावल, दाल, तेल, नमक, लकड़ी,
पकवान के हिस्से,
मन्दिर रातों में किसी के साथ
सोने का कमरा
चहलक़दमी के लिए मिल रहा है
साफ़ सुथरा अस्पताली बरामदा
लाइन में खड़े होकर खाद्य ख़रीद रहा हूँ
वाद्य सुन रहा हूँ

सरकारी बसों में चढ़ रहा हूँ
ज़रूरी अख़बार पढ़ रहा हूँ
काम कर रहा हूँ, खा-पीकर सो रहा हूँ
चमकते ब्लेड से दाढ़ी बना रहा हूँ
सुबह शाम पार्क में जा रहा हूँ
भाषण सुन रहा हूँ

झुण्ड की मछली हूँ, झुण्ड में खो जा रहा हूँ

आप नये प्रयोग, परिकल्पना की बात
कर रहे हैं
कारागार परिचालन-व्यवस्था
सुधारने की बात सोच रहे हैं
(कारागार तब भी रहेंगे!)
अनेक परिकल्पनाएँ आकार ले रही हैं
ट्रैक्टर मिट्टी काट रहा है
कारख़ानों से धुआँ निकल रहा है
काम हो रहे हैं
काम कर रहा हूँ, खा-पीकर सो रहा हूँ

कभी-कभी मेरे मन के बाग़ की चिड़िया
गा उठती है
मेरी आँखों के सामने तब तैर आता है
रुपहला कोई शहर
मेहरबानी आपकी उस चिड़िया की गर्दन
मत पकड़िए, उसकी हत्या मत कीजिए

काम कर रहा हूँ, खा-पीकर सो रहा हूँ
चमकते ब्लेड से दाढ़ी बना रहा हूँ
सुबह-शाम पार्क में जा रहा हूँ
भाषण सुन रहा हूँ
झुण्ड की मछली हूँ, झुण्ड में जा रहा हूँ

29. एक कविता के लिए

वृक्ष के पास जाकर कहता हूँ :
हे दयावान वृक्ष!
एक कविता दे सकते हो तुम?

वृक्ष कहता है, मेरे आवरण को भेदकर
अन्त:सार तक यदि जा सको, तो

शायद मिल जायेगी तुम्हें एक कविता
पुरानी दीवार के कानों में कहता हूँ :
दीवार! मुझे एक कविता दे सकती हो तुम?
पुरानी दीवार दबी आवाज़ में कहती है
मेरे ईंट-गारे में यदि मिला सको अपने को, तो
शायद मिल जायेगी तुम्हें एक कविता

एक वृद्ध के पास घुटने टेक कर कहता हूँ :
हे प्राचीन! दया कर देंगे क्या मुझे एक कविता?
स्तब्धता की परत चीरकर
बज उठता है प्राज्ञकण्ठ—
मेरे चेहरे की रेखाएँ यदि उतार सको
अपने चेहरे पर, तो
शायद मिल जायेगी तुम्हें एक कविता

सिर्फ कई पैरा की कविता के लिए
वृक्ष, पुरानी दीवार और वृद्ध के सामने
कब तक घुटने टेके रहना पड़ेगा मुझे?
कहो कब तक?

30. आत्म प्रतिकृति

मैं तो विदेशी नहीं हूँ
स्वदेश में कोई छद्मवेशी भी नहीं हूँ
फिर अँधेरे कमरे में क्यों, राजा!

क्यों देश और जनता के सामने
सारा जीवन डुगडुगी बजाते हुए
अपनी बात कहनी होगी?

क्यों फ़ुटपाथ में बन्दर नचाना होगा!

क्यों हरबोंग के वेश में
मैदानों बाज़ारों में तालियाँ बटोरनी होंगी?
क्यों मंच पर काले रूमाल की गाँठ खोलकर
दर्शकों को दिखाना होगा ज़िन्दा ख़रगोश?
क्यों चेहरे पर कालिख पोतकर
बनना होगा ढोंगी?

नहीं, इनमें से कोई नहीं जानता है
मेरा परिचय
मैं कौन हूँ?
क्या करता हूँ सारा समय
समाज की चौहद्दी के भीतर?
क्यों जाता हूँ चित्र प्रदर्शनी में, बार में
किताब की दूकान में?
क्यों बुद्धिजीवी दोस्तों के कमरे में
उठाता हूँ बहस के तूफ़ान?
नहीं, कोई नहीं जानता है

हालाँकि, ख़ाली बरामदे की शाम
मध्यरात्रि की सड़क की ख़ामोशी
सरकस का घायल जोकर
दीवार की सतर्क बिल्ली
कॉलोनी का जीवन संगीत
सितारों से झिलमिल अप्सरा का आँचल
गली का अन्धा वायलिन वादक
जलाशय की मछलियाँ, फलदान के सेब
कितना कुछ जानते हैं मेरे बारे में
मुझे निकट से जानते हैं

क़ब्र के साहसी फूल।

31. यह लाश

यह लाश कहाँ रखें हम
कहाँ बनायें इसकी समाधि?
मिट्टी, पर्वत या
सागर के नीले जल में?

न मिट्टी, न पर्वत
न सागर का नीला जल ही
आधार बन सकता है इसका

आओ इसे स्थान दें
अपने हृदय के भीतर

32. यहाँ दरवाज़ा था

यहाँ दरवाज़ा था
दरवाज़े के ऊपर सुशोभित
माधवी की लताएँ थीं
बरामदे में गमले थे
तीन चक्के वाली साइकिल थी
पिंजरे में एक तोता था
रसोईघर से उठता रेशमी धुआँ था

जूठनजीवी, मखमली पंजेवाले
एक प्राणी की दो आँखें
अँधेरे में बल्ब की तरह
चमकती थीं,
सुबह अख़बार के पन्ने पर खोये

एक नीरव विश्वपर्यटक
अचानक देख लेते थे
कौओं से भरी दीवार
उनका ध्यान चला जाता था
बचपन के मैदानों में
जहाँ गेंद खोने का दर्द
हमेशा नया था

मैदानों की सीटियाँ
कहाँ रोक पाती थीं
बार-बार खोती गेंदों को
नुक़सान के अंक उसके बाद
लगातार बढ़ते ही गये

यहीं वह दरवाज़ा था
जिसके ऊपर थीं
माधवी की सुशोभित लताएँ
अब यहाँ कुछ नहीं है
कुछ भी नहीं है
केवल एक बेवकूफ दीवार
जर्जर हालत में
आज भी अकेली खड़ी है
कुछ कलंकित ईंटें
बिखरी पड़ी हैं यहाँ वहाँ
बायीं ओर पड़ा है
एक गुड़िये का अवशेष
और कुछ नहीं है कहीं

मलबे के ऊपर मैं खड़ा हूँ
स्थिर स्तब्ध
जैसे मैं भी इसका हिस्सा हूँ

मेरी चेतना कुरेदने लगती है
मलबे की राख को
यदि अचानक जाग उठे
कोई अविनाशी चिड़िया,
यदि किसी की सरल हँसी
किसी का विशाल स्नेह, प्रेम
फिर बोल उठे।

33. तुमने कहा था

आग की लपटों में
जल रहा था नया बाज़ार
जल रहे थे दुकान, मन्दिर, मस्जिद
आग की लपटों में
जल रहा था सारा नया बाज़ार

चारों ओर जल रहे थे
घर द्वार, मिष्ठान्न भंडार
तोते का पिंजरा, रवीन्द्र रचनावली
मानचित्र, पुराने दस्तावेज

मधुछत्ते में आग लगा देने पर
जिस तरह अपना प्रिय आश्रय छोड़
बेतरह भागती हैं मधुमक्खियाँ
उसी तरह शहर छोड़
भाग रहे थे लोग

नवजातक को छाती से लिपटाकर
जंगल की आग से भीत
हिरणी की तरह
दिशाहीन भाग रही थी माँ

दूर से गोलियाँ चलने की आवाज़ें
आ रही थीं
सड़कों को रौंद रही थीं
फ़ौजी गाड़ियाँ
भयातुर चीत्कार से
गूँज उठी थीं दिशाएँ

आग की लपटों में झुलस रहे थे
हम दोनों के चेहरे
मेरे भीतर समा जाने की कोशिश में
तुमने कहा था—
इस बर्बर आग से बचा लो मुझे

आग की लपटों में
जल रहा था सारा नया बाज़ार
आग ही आग थी
हमारे चारों ओर
तुमने कहा था मुझे बचा लो
असहाय मैं वह भी कह न सका था

34. चींटियों के द्वीप में

रात के भोजन के बाद
अमरीकी टाइम पत्रिका उलटकर
उठा लेता हूँ
डिफो का राविनसन क्रूशो,
कुछ देर
सफ़र करता हूँ उसके साथ
विचित्र वेशभूषा देखता हूँ फिर
अपने बदन पर

बकरियों के गन्ध से भरी है

निद्राहीन यह रात
अचानक चींटियों के झुण्ड
बढ़ने लगते हैं चारों ओर से
मेरी ओर,
अतिकाय चींटियाँ
टेलीफ़ोन के तार, पलंग, दीवारों से होकर
कुरसी पर चढ़ रही हैं
किसी षड्यन्त्र के तहत

चींटियाँ, चमकते लाल ग्रेनेड की तरह हैं
जो किसी भी समय भयानक आवाज़ के साथ
फट जायेंगे
क्षण भर में यह कमरा राख हो जायेगा
गाढ़ी हरी जीपें, फिर तलाश नहीं पायेंगी मुझे
आहत मैं ढँका रहूँगा मलबे के नीचे

दुःस्वप्न के ये क्षण इतने लम्बे क्यों हैं?
क्यों मैं क़ैद हैं चींटियों के द्वीप में?

35. गुरिल्ला

कैसे दीखते हो तुम?
कैसी पोशाक पहन
चलते फिरते हो?
सर पर जटाजूट हैं क्या?
सन्तों की तरह
क्या तुम्हारे पीछे भी ज्योतिश्चक्र है?
टोप में पंख खोंसकर या
ढीली क़मीज़ पहन
पेड़ की ऊपरी डाल पर बैठकर
सीटी बजाते हो तुम?

चायखाने के अँधेरे कोने में
बैठे रहते हो चुपचाप

कैसे दीखते हो तुम?
अक्सर लोग यह प्रश्न पूछते हैं
जानना चाहते हैं वे तुम्हारा अता पता

तुम्हारे लिए
गुप्तचर और सेना के लोग
हर मुहल्ले, हर घर की तलाशी
लेते फिरते हैं
यदि उनका अधिकार चले, तो
आकाश चीरकर या
सागर की अतल गहराई में डूबकर भी
वे तुम्हारा पता लगा लें

तुम और भविष्य
साथ-साथ चल रहे हो
हर जगह मैं
तुम्हारे त्राता क़दमों की आहट
सुन रहा हूँ
तुम तो मेरे अनुज हो
हे नवीन!
तुम मेरी सन्तान हो।

36. मनीला सुनो

मनीला सुनो,
किसी भूमिका के बग़ैर
कह रहा हूँ

वारवधू की तरह
ग्राहक जुटानेवाली
तुम्हारी चटकीली हँसी
कभी-कभी मेरी यादों में
जलन बनकर उभरती है

सुबह के बाद दोपहर
शाम के बाद रात और
दिन के बाद दिन
गुज़रते जाते हैं
कभी-कभी अन्दर कहीं
कुरेद देता है कोई
फिर ऐसे दिन भी गुज़रते हैं
जब मेरे रक्त में
एक ही सुर बजता है—
फिलीपीनो, फिलीपीनो

मनीला याद है
एक साफ़ सुबह
काफ़ी की दुकान में नाश्ते के बाद
सुनहले कॉफी के प्याले में
चुसकी लेता हुआ उसे देख रहा था
उसे यानी आइरिन नाम की
उस लड़की को
काउंटर में खड़ी थी वह
उसके चेहरे पर था
दक्षिण-पूर्व एशिया का सौन्दर्य

कितनी सुन्दर हो तुम!
तुम्हारी सुन्दरता से नज़रें हटती नहीं हैं
मैंने कहा था

सरल मादक उसकी दृष्टि
होठों पर खिल आये फूल याद हैं
याद है उसकी झुकी हुई गरदन
स्वप्निल ठुड्डी और रमणीय वक्ष
याद है उसकी पतली कमर
आज भी मेरे रक्त में
बज उठता है वह सुर
फिलीपीनो, फिलीपीनो

मनीला, मेरे अपने शहर के
भीड़ भरे रास्ते पर चलते हुए
तुम्हारी बात सोच रहा हूँ
सोच रहा हूँ—कितने दिन तुम
अमरीकी सैनिक की गोद में
नग्न बैठी हो
अपने भूखे बच्चों को बगल में लिटाकर
परदेशी व्यापारी की यौन संगिनी बन
गुज़ारी हैं मौन रातें
कितने विदेशी हाथों से पिस चुके हैं
तुम्हारे अंग-प्रत्यंग

नहीं मनीला
इस तरह तुम मत देखो मुझे
विश्वास करो, जब भी तुम्हें कोई
छिनाल या बाज़ारू कहता है
दर्द से भारी हो उठता है मेरा मन
तब मैं तुम्हारी यादों पर लिखता हूँ
कविताएँ

मनीला, आकण्ठ कीचड़ में डूबकर भी तुम
एक रंगीन सपना हो

मेरे रक्त में बजता हुआ सुर हो
फिलीपीनो, फिलीपीनो

मनीला, तुम्हारे दर्द और आँसू की बातें
क्षुब्ध स्वर से कह रहे थे
दीर्घकाय अध्यापक अरमांदो मालय
सलदारदाद पुस्तक महल में
पैंगुइन की किताबें देखते हुए
शोकार्त उनके शब्दों के पुल के ऊपर
मैंने देखा था एक मौन जुलूस
देखा था, मिट्टी की मूरतें कुछ कहना चाह रही थीं
लेकिन उनके कण्ठ पत्थर के हो गये थे
और वहाँ उच्चारण की कोई छटपटाहट
नहीं थी
अचानक चौंक कर सुना था
रिजल की मूर्ति और स्मारक के कण
हवा में इतिहास की धूल उड़ाते हुए
कह रहे थे—फिलीपीनो, फिलीपीनो।

37. बाइबिल के काले अक्षर

जो तुम मुझे नहीं पहचानोगे
मैं तुम्हारी ही तरह
एक काला आदमी हूँ
और इस समय
अपनी सबसे ऊँची आवाज़ में
गा रहा हूँ एकता के गीत
जिस गीत में आ मिला है
तुम्हारा भी सुर

जो, जब तुम्हारे बदन पर

कोड़े बरसाते हुए
खिलखिलाकर हँस उठते हैं वे
तब काले निशान उभरते हैं
सभ्यता की पीठ पर
जब वे बूटों से ठोकर मारते हैं तुम्हें
तव ज़मीन पर औंधे मुँह
गिर पड़ती है मानवता

जो, जब वे तुम्हारे हाथ-पैर बाँधकर
सुनसान सड़क के कचरेदान के पास
डाल देते हैं तुम्हें
तब अँधेरे में छटपटाने लगता है
भविष्य
बदन झाड़कर उठ खड़ा होने के लिए

हालाँकि मैंने तुम्हें नहीं देखा है, जो
फिर भी, बाइबिल के काले अक्षरों की तरह
तुम्हारी आँखें दर्दभरा तुम्हारा चेहरा
बार-बार उभर आता है मेरे हृदय में
तुम्हारा दर्द
एशिया, अफ्रीका और लातीन अमरीका तक
फैला हुआ है, जो

फाँसी की सज़ा प्राप्त
एक कैदी को मैं जानता हूँ
जो मध्यरात्रि में पाठ करते थे
रवीन्द्रनाथ की कविताएँ

मैं एक सुदर्शन युवक को जानता हूँ
जिसने अपनी प्रेमिका की इज़्ज़त
बचाने के लिए
इकहत्तर के मुक्तियुद्ध में

अपना जीवन दे दिया

आजीवन कारावास की सजा काट रहे
एक विद्रोही नेता को मैं जानता हूँ
जो दु:स्वप्न से जगकर
किसी-किसी रात
अपनी छोटी बच्ची का स्पर्श पाने के लिए
उसके माथे की महक पाने के लिए
व्याकुल होकर मुट्ठियों में जकड़ लेते थे
जेल की सलाखें

मैं एक ऐसे कवि को जानता हूँ
जो अपनी कविताओं में
कोमल निरीह शब्दों की जगह
ऐसे शब्दों का प्रयोग करते थे, कि
उनकी कविताएँ हो उठती थीं
मौलाना भाषाणी और शेख मुजीब के
ज्वालामुखी भाषण

जब उनकी याद आती है
तब तुम्हारी बातें
नये सिरे से सोचता हूँ, जो

जो, जब तुम्हारे पाँचवर्षीय बेटे के सीने से
वे सड़कों पर बहा देते हैं लाल ताज़ा ख़ून
जैसे तश्तरी में ढालते हैं गर्म कॉफ़ी,
जो, जब तुम्हारी गर्भवती पत्नी
उन जानवरों की दृष्टि से भागते-भागते
सड़क पर गिर पड़ती है ठोकर खाकर
जो, जब तुम्हारे सहोदर को
लटका देते हैं वे फाँसी पर

तब ताज़ा दूध के झाग की तरह
सफ़ेद भोर के आलोक में
बाइबिल के काले अक्षर
आर्तनाद करते-करते
अचानक विद्रोही हो उठते हैं।

अजीजुल हक की कविता

38. ठीक इस क्षण

ठीक इस क्षण
मैं अपने दुश्मन के बारे में
नहीं सोच रहा हूँ

मैं सोच रहा हूँ
अपने उस भाई के बारे में
सूरज को देखने की कोशिश में
जिसकी आँखें झुलस गयीं

मैं सोच रहा हूँ
अपने उस दोस्त के बारे में
जिसका गले लगना
बाँहों में गोली लगने की तरह
गर्म और स्थायी अहसास है

मैं सोच रहा हूँ
अपनी माँ के बारे में

घास की हरीतिमा में घुलकर
जो ख़ुद बांग्लादेश बन गयी

इस क्षण
मैं असतर्क हूँ पहले की अपेक्षा
निर्भय भी कह सकते हैं आप
पद्मा और मेघना के जल में
क्रमशः डूब रहे हैं
शीशा और बारूद के
हमारे सुरक्षा कवच

प्रेम के लिए रो नहीं रहा हूँ मैं
इस क्षण
इस क्षण मेरा आश्रय
ऐसे दुर्गम स्थल पर है, कि
बांग्लादेश के हृदय को उखाड़कर ही
मुझे छुआ जा सकता है।

अबु ज़फ़र ओबायदुल्लाह की लम्बी कविता

39. मैं किंवदन्ती की बात कर रहा हूँ

मैं किंवदन्ती की बात कर रहा हूँ
मैं अपने पूर्वज की बात कर रहा हूँ
उनकी हथेलियों में मिट्टी की महक थी
उनकी पीठ पर थे लाल फूल से
ज़ख़्म के निशान

वे लाँघे गये पर्वतों की बात करते थे
जंगल और जंगल के जीवन की बात करते थे
वे बंजर ज़मीन को
उपजाऊ बनाने की बात करते थे
वे कविता की बात करते थे
वे कहते थे, सच्चाई के सभी शब्द
कविता हैं
वे कहते थे, जोती हुई ज़मीन में उपजे
फ़सलों के सभी दाने कविता हैं

जो कविता सुनना नहीं चाहता
वह सुनेगा तूफ़ान के शोर

जो कविता सुनना नहीं चाहता
वह वंचित रहेगा अपने अधिकारों से
जो कविता सुनना नहीं चाहता
वह जीवन भर ग़ुलाम रहेगा

मैं सत्य की तरह
एक सपने की बात कर रहा हूँ
चूल्हे की आग में चमकती
एक खिड़की की बात कर रहा हूँ
मैं अपनी माँ की बात कर रहा हूँ
माँ कहती थी–
बहती नदी में वह भी तैर सकता है
जो तैरना नहीं जानता
जो कविता सुनना नहीं चाहता
वह नदी में तैर नहीं सकता
जो कविता सुनना नहीं चाहता
वह मछलियों के साथ

खेल नहीं सकता
जो कविता सुनना नहीं चाहता
वह माँ की गोद में लेटकर
कहानियाँ सुन नहीं सकता

मैं किंवदन्ती की बात कर रहा हूँ
मैं अपने पूर्वज की बात कर रहा हूँ
मैं विचलित स्नेह की बात कर रहा हूँ
गर्भवती बहन की मृत्यु की बात कर रहा हूँ
मैं अपने प्रेम की बात कर रहा हूँ

प्रेम करने पर माँ मर जाती है
युद्ध छिड़ता है
प्रेम कर माँ के बेटे चले जाते हैं
मैं गृहत्यागी
अपने भाई की बात कर रहा हूँ

जो कविता सुनना नहीं चाहता
वह सन्तानों के लिए मर नहीं सकता
जो कविता सुनना नहीं चाहता
वह प्रेमिक की तरह युद्ध में
जा नहीं सकता
जो कविता सुनना नहीं चाहता
वह सूरज को
अपने हृदय में धर नहीं सकता

मैं किंवदन्ती की बात कर रहा हूँ
मैं अपने पूर्वज की बात कर रहा हूँ
उनकी पीठ पर
लाल फूल की तरह ज़ख़्म के निशान थे

क्योंकि वे ग़ुलाम थे
हम क्या उनकी तरह
कविता की बात कर सकेंगे
हम क्या उनकी तरह
आज़ादी की बात कर सकेंगे

वे ज़मीन को
गहरे जोतने की बात करते थे
अवगाहित ज़मीन में
पुष्ट बीज बोने की बात करते थे
दूध देने वाली गाय की तरह
ज़मीन की सेवा करने की बात करते थे
वे कवि और कविता की बात करते थे

जो ज़मीन जोतते हैं
उनके पसीने की एक-एक बूँद है कविता
जोती हुई ज़मीन में तैयार
फ़सल का एक-एक दाना है कविता

जो कविता सुनना नहीं चाहता
ख़ाली खेत उस पर हँसेगा
जो कविता सुनना नहीं चाहता
मातृस्तन से वह वंचित रहेगा
जो कविता सुनना नहीं चाहता
वह जीवन भर भूखा ही रहेगा

जब बेईमान ज़मींदार के लालच ने
उजाड़ दिये हमारे खेत
हम सावन के मेघ की तरह
संगठित हुए
वर्षा की तरह हमने सँवारी

सूखी धरती
भीगे खेतों में हमने बोये बीज
पसीने की चमकती बूँदों की तरह
हमने दानों को उगते हुए देखा, और
फ़सल की मोहक ख़ुशबू को
अपनी साँसों में भर लिया

विषधर से हमारे मालिक
प्रवेश कर गये अन्धकार के भीतर, और
पास-पास जड़ी ताम्रलिपि की तरह
हम धूप में चमकते रहे
हमने आवाज़ से आवाज़ मिलायी
हमने कविता को स्वीकार किया

दिशाओं को चकाचौंध करती
वज्र की तेजस्विता है कविता
लाल फूल जैसा
प्रतिरोधी स्वर है कविता

जो कविता सुनना नहीं चाहता
पराधीनता की ग्लानि से वह
नतमस्तक रहेगा
जो कविता सुनना नहीं चाहता
क्रान्ति की ज्वार उसे कुचल देगी
जो कविता सुनना नहीं चाहता
गीली मिट्टी की ख़ुशबू
उसे छोड़ जायेगी

मैं किंवदन्ती की बात कर रहा हूँ
मैं अपने पूर्वज की बात कर रहा हूँ

वे सच बोलने की बात करते थे
सुप्राचीन संगीत के फैलाव

की बात करते थे
फ़सलों से आलोकित
मैदानों की बात करते थे
वे कवि और कविता की बात करते थे

जब कवि और कविता की हत्या कर दी गयी
हम नदी और सागर के मुहाने की तरह
भ्रातृत्व के बन्धन में बँध गये
जलते सूरज से अग्निगर्भ में बदल गये
तेज़ गति बिजली की तरह
हमने दिशाओं को घेर लिया
घुटने टेक कर घातक ने तब
कविता से प्राणभिक्षा माँगी

हमने तब दुःख को क्रोध और
क्रोध को आनन्द में बदल दिया

नदी और सागर के मुहाने की तरह
सम्मिलित स्वर है कविता
अदमित क्रोध की
आनन्द ध्वनि है कविता

जो कविता सुनना नहीं चाहता
वह तरंगों के स्नेह से वंचित रहेगा
जो कविता सुनना नहीं चाहता
अकेलेपन का दर्द उसे अभिशप्त करेगा
जो कविता सुनना नहीं चाहता
वह मूक और बधिर ही रह जायेगा

मैं किंवदन्ती की बात कर रहा हूँ
मैं अपने पूर्वज की बात कर रहा हूँ
उनकी पीठ पर लाल फूल से
ज़ख़्म के निशान थे

मैं लाल फूलों के एक गुच्छे की
बात कर रहा हूँ

मैं ज्वार की तरह क्रान्ति की बात कर रहा हूँ
जलते नक्षत्र की तरह आँखों की बात कर रहा हूँ
खिले फूल से हज़ारों ज़ख़्मों की बात कर रहा हूँ
मैं खोये हुए बेटे की माँ की बात कर रहा हूँ

मैं जलती हुई मौतों और
आज़ादी की बात कर रहा हूँ
जब राजशक्ति ने हमें यातनाएँ दीं
तब हम प्राचीन संगीत की तरह
सरल और लयबद्ध हुए
पर्वत शिखर की तरह हमने
महाकाश को छुआ
दिक्चक्रवाल की तरह हम
दीर्घ से दीर्घतर होते गये और
श्वेत आतंक को हमने
जड़ से उखाड़ फेंका

तब हम नीहारिका की तरह
उज्ज्वल और प्रशान्त हुए

आलोकित नक्षत सा चमकता
हर ज़ख़्म है कविता
मध्यदिन में आलोकित
हर किरण है कविता

जो कविता सुनना नहीं चाहता
वह नीलिमा को छू नहीं सकता
जो कविता सुनना नहीं चाहता

वह मध्यदिन की किरणों से
आलोकित नहीं हो सकता
जो कविता सुनना नहीं चाहता
वह आतंक के ख़िलाफ़
खड़ा नहीं हो सकता

मैं किंवदन्ती की बात कर रहा हूँ
मैं अपने पूर्वज की बात कर रहा हूँ
मैं श्रमजीवी लोगों के
विजय अभियान की बात कर रहा हूँ
आदिवासी अरण्य की
अनार्य एकता की बात कर रहा हूँ
ज़ंजीरों में बँधे पेड़ों के
ऊर्ध्वमुखी स्वाभिमान की बात कर रहा हूँ
मैं अतीत और वर्तमान की बात कर रहा हूँ
ज़ंजीरों में बँधे पेड़ों का
ऊर्ध्वमुखी स्वाभिमान है कविता
आदिवासी अरण्य की
अनार्य एकता है कविता

जो कविता सुनना नहीं चाहता
अकेलेपन की अस्तव्यस्तता
उसे विपर्यस्त करेगी
जो कविता सुनना नहीं चाहता
निश्चित क्षय उसे दृष्टिहीन करेगा
जो कविता सुनना नहीं चाहता
वह जीवन भर
हीन भावना से ग्रसित रहेगा

जब हमने नगर में प्रवेश किया
चारों ओर भूख ही भूख थी

कोमल मिट्टी में फ़सल नहीं थी
पेड़ फलहीन थे
तैरते भूखण्ड की तरह
छिन्नमूल लोग भूख से पीड़ित थे

जब हमने नगर में प्रवेश किया
चारों ओर थी अस्त-व्यस्तता
शोक सन्तप्त थी खोये हुए बेटे की माँ
विभ्रान्त थे दीर्घकाय पुत्र
दृष्टिहीन थीं विस्फारित लाल आँखें

हमने तब अपने पूर्वजों का स्मरण किया
उनकी वीरगाथा का स्मरण किया
आदिवासी, अरण्य और घुटने टेके
जंगल के जीवन का स्मरण किया
तब हम पर्वत की तरह अटल और
नक्षत्र की तरह स्थिरलक्ष्य हुए

मैं किंवदन्ती की बात कर रहा हूँ
मैं अपने पूर्वज की बात कर रहा हूँ
मैं स्थिरलक्ष्य लोगों की
सशस्त्र क्रान्ति की बात कर रहा हूँ
वर्ग संघर्ष के आँगन में
इतिहास के विचरण की बात कर रहा हूँ
मैं इतिहास और
सपने की बात कर रहा

दीर्घकाय पुत्रो!
मैं तुम सब से कह रहा हूँ
मैं अपनी माँ की बात कह रहा हूँ

बहन की मृत्यु की बात कह रहा
भाई के युद्ध की बात कह रहा हूँ
मैं अपने प्रेम की बात कह रहा हूँ
मैं कवि और कविता की बात कह रहा हूँ

सपने की तरह सत्यभाषण है इतिहास
इतिहास का आनन्दित अभिज्ञान है कविता
जो उन्निद्र है वह सपने देख नहीं सकता
जो निराश है वह कविता लिख नहीं सकता

जो निकल रहे अंकुर की तरह
आनन्दित है
वह कवि है
जो सत्य की तरह सपने देखता है वह कवि है
वह कवि है
जब एक-दूसरे से प्रेम करते हैं लोग
तब वे सब होते हैं कवि
मैं किंवदन्ती की बात कर रहा हूँ
मैं अपने पूर्वज की बात कर रहा हूँ
मैं विचलित वर्तमान और
अन्तिम युद्ध की बात कर रहा हूँ
खण्डयुद्ध के अन्तराल में
हमने जोती है ज़मीन
हत्या और घातक से जूझते हुए
हमने बोये हैं बीज
बहती नदी के साहचर्य से
हमने सँवारी है फ़सल

हमारे चेहरे सुन्दर नहीं हैं, क्योंकि
विकृति और शोषण के ख़िलाफ़ नफ़रत
आदमी के चेहरे बिगाड़ देती है

हमारी आवाज़ कर्कश है, क्योंकि
अन्याय के ख़िलाफ़ क्षोभ
आवाज़ को कर्कश बना देता है
हमारी पीठ पर नक्षत्र से
ज़ख़्मों के निशान हैं, क्योंकि
उच्चारित हमारे शब्दों ने बार-बार
हमें बध्यभूमि तक पहुँचाया है

मैं किंवदन्ती की बात कर रहा हूँ
मैं अपने पूर्वज की बात कर रहा हूँ
मेरी सन्तान!
मैं तुम्हारी बात कर रहा हूँ
जिस दिन उच्चारित सभी शब्द
सूर्य की तरह सत्य होंगे
मैं उस भविष्य की बात कर रहा हूँ
मैं भविष्य की कविता की बात कर रहा हूँ

मैं विषधर मालिकों की
मृत्यु की बात कर रहा हूँ
द्वन्द्व और विरोध की
समाप्ति की बात कर रहा हूँ
किसी भी तरह की नफ़रत को
हमेशा के लिए ख़त्म करने की बात कर रहा हूँ
मैं पौरुष प्रेम और
सुरीले संगीत की बात कर रहा हूँ

जो ज़मीन जोतता है
फ़सल का ढेर उसे समृद्ध करता है
जो मछलियों का पालन करता है
बहती नदी उसे पुरस्कृत करती है
जो गाय की सेवा करता है
जननी का आशीर्वाद
उसे दीर्घायु बनाता है

जो लोहे के टुकड़े को प्रज्वलित करता है
इस्पात की तलवार
उसे सशस्त्र करती है

सशस्त्र सौन्दर्य की
अनिवार्य क्रान्ति है कविता
पौरुष प्रेम का
सुरीला संगीत है कविता
कण्ठ से निकले
सभी मुक्त शब्द हैं कविता
लाल फूल की तरह
प्रतिरोधी स्वर है कविता
हम क्या उनकी तरह
कविता की बात कर सकेंगे?
हम क्या उनकी तरह
आज़ादी की बात कर सकेंगे?

अलाउद्दीन अल आज़ाद को कविताएँ

40. आत्मचित्र

और कब तक इसी तरह
घुटते रहें हम?
बस्तील, गेस्टापो
क्यों बार-बार बनते हैं
धरती पर?

रोज़ साफ़ करते हैं हम

कचरे
बुनते हैं विश्वास के बीज
अँधेरा फिर भी
गहराता जा रहा है

दिशाएँ काँप रही हैं अब
एक नये दानव के हुँकार से
रमना तैर रहा है
ख़ून की धार में
कर्णफूली बन गया है
लाश घर

दानव मरता नहीं है यदि
तो हम भी तैयार हैं
हमारे ख़ून में भी हैं
नये-नये अभियान
युद्ध जीतने के सपने
दु:शासन के हम हैं
मृत्युदूत

जब तक दुनिया में रहेंगी
ज़ंजीरें
मुक्ति की हमारी प्यास
बनती रहेगी तूफ़ान।

41. हम चल रहे हैं

1. हम चल रहे हैं
   दोस्तो! आप जो अब भी
   निकल नहीं पाये हैं घरों से
   और गोलियाँ बरसने लगी हैं

दनादन
बुरा न मानें

हम चल रहे हैं
बूढ़े बाप को घसीटते हुए
बायें हाथ में पत्नी को दबोचकर
पीठ में बाँधकर शेष सहाय
कमर में लटका कर
पूरी एक दुनिया

हम नहीं भूलेंगे आपको
यदि जल मरें आप
घायल हो जायँ बुरी तरह
आपकी जीवन्त स्मृतियाँ
रहेंगी हमारे पास

अभी समय नहीं है कि
डायरी के पन्नों पर हम लिख जायें
अपनी बातें
विश्व प्रेमिक किसी पर्यटक के लिए
जो यहाँ आयेंगे।

2. हम चल रहे हैं
हम लगातार चल रहे हैं
आगे या पीछे यह कह नहीं सकते
धीरे-धीरे क़दम रखते हुए
हम लगातार चल रहे हैं

झुकी पीठ, मुड़ी गरदन
वैज्ञानिक की डायरी में वर्णित
किसी नामहीन सरीसृप की तरह

हम चल रहे हैं
चाहे जैसे भी कहा जाय
हम भाग्यवान हैं, क्योंकि
हमारे घरों में आग लगने से पहले ही
हम निकल सके थे
तोप के गोले फटने से पहले ही हम
सुरक्षित, आँगन पार कर सके थे

कुछ ही क्षणों में
आकाश छा गया था चिड़ियों से
बंगोपसागर की मेघमाला से
हम चल रहे हैं
अँधेरी सीढ़ियों को लाँघते हुए
नगर से जनपद
जनपद से जंगल की ओर
हम लगातार चल रहे हैं।

3. हम चल रहे हैं
हम अब भी चल रहे हैं, क्योंकि
पृथ्वी में सर्वत्र
केवल अँधेरा ही नहीं है
सभी क्रम आक्रमण नहीं हैं
और वीरता का अर्थ
नागरिक हत्या नहीं है

हम चल रहे हैं
क्योंकि हम जानते हैं कि
अब भी ऐसे स्थान हैं जहाँ
फ़सल हैं, फूल-फल हैं,
पेड़ों की घनी छाया है
प्रेम और स्नेह से भरे
हाथ और हृदय हैं

इस बच्चे की माँ की छाती में
दूध नहीं है
सुबह होने से पहले ही शायद
यह बच्चा ठण्डा हो जायेगा
हम चल रहे हैं फिर भी
बढ़ रहे हैं क़दम-क़दम
भरोसा यही है, कि
पत्नी गर्भवती है और
इस काफिले में
औरतें बहुत हैं।

हसन हफीज़ुर रहमान की कविताएँ

42. युद्ध मेरे लिए

युद्ध मेरे लिए
प्रेम से भी ज़्यादा शक्तिशाली
एक नाम है

प्रेम में हृदय के
रक्तिम केन्द्र को जाना जा सकता है
युद्ध से जुड़कर मैं
समस्त शिराओं में बह रही
रक्तनदी की सभी धाराओं को
जान रहा हूँ
मेरे सम्पूर्ण शरीर में
प्राणवायु का संचार
यही बात कह रहा है

युद्ध अभी मेरे लिए
जीवन भर प्रतीक्षारत एक भोर है
आक्रामक शैतान के बूटों की कील से
धरती माँ के रक्तरंजित सीने को
मुक्त करने का महान कर्म है

युद्ध अभी मेरे लिए
लगातार भागते रहने के बाद
हमेशा के लिए
घर लौटना है

अभी युद्ध का अर्थ
प्रियतमा तुम्हें
अनमोल रत्न की तरह
निर्भय देखने का अधिकार है

उन्मुक्त जलपथ में अपनी नाव खोल
बांग्लादेश के झण्डे की
पत्-पत् आवाज़ के साथ
उल्लासमय एक यात्रा है

अभी युद्ध का अर्थ है
हम भी सबरंग तितलियाँ
बन जायेंगे
हवा और धूप की झिलमिल में
आज़ाद तैरते फिरेंगे
अश्रुजल से भीगे अन्न का
खारा स्वाद
हमेशा के लिए भूल जायेंगे

यहाँ जन्म लेना क्या पाप है?
यहाँ जन्म लेकर
पीढ़ी-दर-पीढ़ी क्या इसी तरह
घुटने टेक, रीढ़ झुकाये
रहना होगा?

युद्ध का अर्थ मेरे लिए
अनन्तकाल से संचित
सभी अपमान के दागों को
पूरी तरह धो लेना है

अभी युद्ध का अर्थ है
तुम्हें अपने सबसे क़रीब पाना
सभी सर्वनाम भूलकर
एक नाम बन जाना
बांग्लादेश के चेहरे के साथ
एकाकार हो जाना

अभी युद्ध का अर्थ ही है
पाप की साक्षात् मूर्ति के निधन का
भरा मौसम
शान्ति की हवा के पूर्ण शोधन का
सार्वजनिक उद्यम।

43. मेरी आस्था

जनतन्त्र में ही
आस्था है हमेशा
सोचता हूँ, जनतन्त्र में ही
सम्भव है आत्मा की मुक्ति,
सुरक्षित हैं मानवाधिकार

साम्य तो सोने का हिरण ही है
आज भी

जनाधिकार में
त्रस्त हैं लोग यहाँ
एक दूसरे के भय से,
मुक्ति का सन्देश
किसी के पास नहीं है
कहीं मानवता शेष नहीं है
शायद इसीलिए

शहीदों के ख़ून से
बार-बार भीग रही है धरती
मेरी आस्था कहाँ रखूँ?
कहाँ रखूँ मैं अपनी आस्था?

कयसुल हक की कविता

44. आश्विन इस बार

आश्विन आया है
पटसन की क़ीमत
न पाने वाले
कमज़ोर किसान की तरह

आश्विन आया है
काम न पाने वाली

कमला के
निरस दिन की तरह

आश्विन आया है
कई दिन तक दाढ़ी न बना पाये
स्कूल शिक्षक के
चेहरे की तरह

आश्विन आया है
कम वेतन वाले किरानी की

झुकी देह की तरह
आश्विन आया है
बेकार युवक के
गन्दे पाजामे की
डोर की तरह

पूजा के वाद्य में
शायद इसीलिए
आवाज़ नहीं है।

अबु बकर सिद्दिक़ की कविता

45. मानव जाति बहती जा रही है

चिड़ियों ने
हथियार नहीं उठा लिए अब तक
यही दुःख है,
सुन्दर कलाकृतियों से
विष क्यों नहीं निकल रहे हैं?

बुद्धिजीवी अपनी प्रतिभा की दुकान
लगाकर बैठे हैं चुपचाप, और
आदमी की आँखों का उफनता पानी
ख़तरे की सीमा पार कर गया
कब का

उजड़े हुए उन मछुआरों के
परिवारों का क्या होगा?
चित्रपट पर रंग तूलिका का स्पर्श
टूटी-फूटी नाव, बस?
बातें तो बहुत तय थीं
बस्तील उखाड़ना था
कहाँ हुआ?

बस में खचाखच भरे यात्री
बैठे-बैठे देखते रहे,
युवकों को उतार कर ले गयी
पुलिस

गाँवों में अँधेरा
उसी तरह घना
क़ब्र से बेहतर
छिपने की जगह नहीं है
23"×17" के राष्ट्रीय दैनिक
तुम्हें पता नहीं, कि
सभी समाचार
केवल एक व्यक्ति के इर्द-गिर्द हैं
और सब पानी में बहते जा रहे हैं
मछुआरे, चिड़ियाँ, किताबें
पूरी मानव जाति बहती जा रही है
आप भी बैठे-बैठे चुपचाप

देखते रहिए
जैनों की तरह निर्लिप्त भाव से

बेशर्म हैं सभी चिड़ियाँ
अब भी गाकर लाती हैं सुबह
बच्चे क्यों हँसते हैं लगातार?

हमें भिन्नतर थोड़ी-सी
आज़ादी चाहिए
भाले की नोक पर उड़ती
गुलाबी क्रान्ति चाहिए।

सैयद शमसुल हक की कविताएँ

46. उसकी मौत

इजदानी मारा गया
विमान दुर्घटना में

उसने सपना देखा था
धरती को
नारंगी की तरह, मुट्ठी में
बन्द कर लेने का

उसके दिमाग़ में भरी थीं
किताबें
शायद और भी कुछ रहा हो

बहुत कम उम्र में मारा गया
हवा की परतों में तैरता हुआ
गिर गया वह

तुम लोग
जो जाओगे अभी
चाय की शाम के लिए
उदार किसी महिला के पास
बातें करोगे, कि
—एक दिन शोकपालन होना चाहिए
—आज वे नहीं आये
—चाय में चीनी नहीं है
शायद यह भी कहोगे, कि
—रैंबो कोई नशेबाज़ युवा लेखक हैं
—ककतो बहुत सनकी हैं

याद रखना
सूक्ष्म देह में इजदानी
पीछे खड़ा रहेगा।

47. कविता—577

कल ही देखा टूटे कुछ तारे, क्रान्ति के शहर में, या
आशा नाम के कलाकार की निपुण छेनी और
हथौड़ी से बनी पत्थर की कुछ कलाकृतियाँ।
मैंने पूछा—तुम सब किसके आकार पर निर्मित हो?
उन्होंने कहा—तुम्हारे, तुम्हारे, तुम्हारे
मैंने पूछा—नाम?
उन्होंने कहा—आन्दोलन।
निवास?
चेतना में।

स्थायी पता?
इतिहास
ऊँचाई?
आज़ादी के बराबर।
रंग?
मिट्टी जैसा।
विशेष पहचान?
खुली आँखें।
और गन्तव्य?
हृदय में?
मैंने उन्हें रख दिया यत्र-तत्र। अब विस्मित होकर
देख रहा हूँ वे फैले हैं सर्वत्र।

48. गुरिल्ला

अविराम
दक्षिण वियतनाम
कम्बोडिया
बांग्लादेश
अंगोला और
मोजाम्बिक में तुम
निसर्ग के भीतर
सतर्क, निःशब्द क़दमों से विचरन करते हो सारा दिन
सारी रात। जब गाँव हो उठते हैं जनशून्य, दरक जाते हैं
चौपाल, उपासना के सभी चबूतरे
टूटे पत्तों से ढँक
जाते हैं साँसों
में बज उठती है
तुम्हारे क़दमों की आहट।
तुम हमारी दूसरी काया
हो, रवीन्द्रनाथ के

गीतों की तरह
सब कुछ के केन्द्र में हो
और प्रेरणा की संगीत की तरह
बज रहे हो लगातार।
अफ्रीका एशिया के
निसर्ग में तुम
नये वृक्ष हो नयी वर्षा हो
नये फूल हो। दिगन्त में नया
मस्तूल हो, पितृ पुरुष की
चित्रित लाठी हो धू-धू जलती
आग में तुम गुज़रते हो अकेला
उन्नत। जनशून्य जनपद में तुम जलती हुई उज्ज्वल चिता हो।

अल महमूद की कविताएँ

49. धुँधला स्टेशन

मैं जीवन भर
एक स्टेशन के लिए
दौड़ती गाड़ी की खिड़की के पास
बैठा हूँ
बाहर कितने गाँव और
जोते हुए खेतों की तस्वीरें हैं
कोहरे के भीतर है
आदमी का अस्पष्ट हिलना-डुलना

मेरे इर्द-गिर्द हैं
भोर की मस्जिद से निकल रहे
प्रवीण किसान की मेहँदी-रंग

दाढ़ी की तरह भीगी हवा, और
अभी-अभी दुही गयी
गाय के थन-सा
हल्का मिज़ाज बांग्लादेश

मैं सब कुछ पीछे छोड़
चला जा रहा हूँ

ईख पेरने की मशीन से
उड़ आये मक्खियों के झुण्ड हटाकर
नीले रूमाल से अपना चेहरा
पोंछ लिया है मैंने,
हालाँकि रसीले गुड़ की महक से
मेरी भूख बढ़ती है

लगता है मेरा सारा जीवन
कभी ख़त्म न होने वाला
एक उदास जाड़े का मौसम है
मैंने जब-जब सूरज को
पृथ्वी प्रदक्षिणा के लिए
उठ खड़े होते हुए देखा
मछुआटोली में पसारे गये
जालों के भीतर
लाल आँखों वाली मछलियाँ
लगातार ऊधम मचाती रहीं
खारे जल से भीगी
आँखें पोंछकर
पृथ्वी को देखता हूँ
पहली बार जिस नारी के पास
मैं जाऊँगा
उसके वाम स्तन की तरह
यह पृथ्वी सुन्दर और सुडौल है

रह-रहकर मेरे मन में

उस स्टेशन की तस्वीर उभरती है
नाव से फेंकी गयी पोटली की तरह
जिसे मैंने
हमेशा के लिए खो दिया है

टिकट खिड़की के
धुँधले चश्मे वाले टिकट विक्रेता से
मैंने उस स्टेशन का टिकट माँगा
जहाँ कोहरे से ढँके प्लेटफार्म के किनारे
घूँघट उठाये कोई
चढ़ते-उतरते यात्रियों को देख रही होगी
और जिसकी साँसों से
प्रतीक्षा
वाष्प बनकर निकल रही होगी

अभी मेरी जेब में
हल्के पीले बिस्कुट जैसा
एक टिकट है
जिसे मैंने ख़रीदा है
कविता की सात किताबों की
क़ीमत चुकाकर
यह टिकट मुझे ले जायेगा
कोहरा ढँके उस स्टेशन तक

गाड़ी के झूले में
आत्मविस्मृत मैं देखता हूँ
सफ़ेद कोहरे से ढँके
एक प्लेटफार्म पर
मैं उतर चुका हूँ, लेकिन
कहीं कोई नहीं है प्रतीक्षारत,
केवल वह स्टेशन
हाथ उठाये सान्त्वना दे रहा है
—फूल तली

हाँ, यही तो वह नाम है
जिसे मैंने खो दिया है
मेघना के नाव घाट में

सरसों के खेतों के बग़ल से
छीमी की झाड़ियों को रौंदते हुए
गाँव के मुहाने पर जब पहुँचता हूँ
घेर लेती हैं मुझे गाँव की औरतें,
स्वास्थ्योज्ज्वल चमकते चेहरे
बालों में प्रकृति की ख़ुशबू
वक्ष में मातृत्व का झुका गौरव

वे सब,
एक कुटीरवासिनी को दस्तक देकर
मेरे चारों ओर
फिर खड़ी हो जाती हैं।

50. लोक लोकान्तर

मेरी चेतना
सफ़ेद एक चिड़िया है
जो बैठी है हरे वन में
चन्दन की किसी डाल पर

सर के ऊपर और नीचे से
गुज़र रही है वनचारी हवा
हवा के साथ झूम रही हैं
जंगली पान-लताएँ

सुगन्धित पराग लिपटा है
चिड़िया की चोंच में

दोनों आँखों में हैं कटे-सुपारी के रंग
हरे पैर, लाल नाख़ून
उसके तन्त्र-मन्त्र से भरा है जैसे
चन्दन की डाल

दृष्टि टिकती नहीं है
इतने वन्य सौन्दर्य पर
मेरी दृष्टि टिकती नहीं है, क्योंकि
उस रूप में
एक भय समाया हुआ है

जब कभी चमक उठता है
मेरी चेतना का मोती
लगता है टूट जायेंगे
संसार, समाज, धर्म के सारे बन्धन
तुच्छ हो जायेगा यह लोकालय

लोक से लोकान्तर तक
मैं स्तब्ध सुनता हूँ
आहत कवि के गान
कविता की आसन्न विजय

51. प्रकृति

कितनी दूर चला आदमी!
मैं घनघोर वर्षा में आज भी
सिकुड़ा बैठा हूँ

खीर की तरह मुलायम मिट्टी में
धान की कोमल पौद बोते हुए
सोचता हूँ–यह ज़मीन
मेरी प्रियतमा किसानी है

भीगी सुखद लज्जा में
जिसने नारी की तरह सौंपा है
अपना उर्वर आधार

वर्षा में भीग रहे हैं खेत, मैदान
जैसे किसी का भीगा हाथ
मेरी पीठ पर है और मैं
समस्त इन्द्रियानुभूतियों से ऊपर
अपनी दृष्टि के साथ जाग रहा हूँ
चारों ओर मन्त्रोच्चारण की तरह
बरस रही हैं जल की बूँदें
टिप्-टिप्

खेत के किनारे
भागती मछली के पीछे
जलज साँप की गति को
निःशब्द देखा है मैंने
मेरी बाँहों में आतंकित होकर
उछल पड़ा है हरा पतंग

एक स्वप्निल परिवेश में
मेंड़ से बँधी ज़मीन की सीमाएँ
वर्षा का स्पर्श पाकर
अचानक बदलने लगीं
जैसे प्रभावित होने लगी हों
किसी मन्त्रशक्ति से
त्रिकोणाकार खुल गयी धरती
और उस रेखांकन से
लगातार निकलने लगे
मछली, चिड़िया, पशु और
आदमी के झुण्ड
मेरी चेतना के विस्तार में

वे चुनने लगे
परस्पर विरोधी आहार

52. मेरे सभी पड़ावों में

घर से निकला हूँ
कहीं चलने के लिए
कपड़े इतने साफ़ हैं कि
दोस्तों की बैठक में
जाया जा सकता
सूखी क़मीज़ से निकल रही है
धूप की ख़ुशबू
जेब में कुछ टूटे पैसे हैं
और ताज़ा कविता के साथ
पाँच किंगस्टार्क

अब कहाँ चलूँ?

शहीद अभी दूरदर्शन में हैं
शमसुर रहमान सम्पादक हो गये
हसन के साथ बंगजननी के गीत
मुझसे नहीं होगा
जाफर भाई घोड़े की पीठ पर
हाथ फेरते हैं इन दिनों
आरती ईसाई बच्चों को
बाइबिल पढ़ा रही है
सेबु है भारत में

मैं सारे शहर में
एक अपने की तलाश कर रहा
इस समय मुझे ज़रूरत है
एक दोस्त की

मेरी समस्त चेतना में
एक ही आकांक्षा है, कि
किसी दरवाज़े की कुण्डी खटखटाऊँ
एक दोस्त का चेहरा देखूँ
और निर्लज्ज की तरह
अपनी ताज़ा कविता सुनाऊँ

नि:संग मेरी आत्मा के
किसी बारीक छेद से
ख़ून की धार की तरह निकल आया
एक हिब्रू-आर्तनाद
'एली एली लामा सबक्तानी'

मेरे सभी पड़ावों में
लटक रहे हैं ताले

53. झाग

कुछ भी स्थायी नहीं है
पत्ते, फूल, गाँव के बूढ़े
पीतल की गगरी या
हुक़्क़े की आग
जवान होती लड़कियों का झुण्ड
धीरे-धीरे लुप्त हो जाता है
मौसमी हिलसे की तरह
पीली पत्तियाँ झर जाती हैं
मैदानों सड़कों पर सरसराती हुई
खो जाती हैं
दूर देश से आने वाली चिड़ियाँ भी
लौट जाती हैं, जैसे सब

आकाश के नीले कटोरे में
पानी के बुलबुले हों

कुछ भी स्थायी नहीं है
टीन की छत, पटसन के रेशे
या मिट्टी की दीवार,
गाँव का विशाल वट वृक्ष
गिर जाता है भयंकर तूफ़ान में
दरक जाता है पलस्तर
विश्वास टूटने की विशाल आवाज़ की तरह
अन्तत: ध्वस्त हो जाती है
मुहल्ले की मस्जिद

चिड़ियों के घोंसले, प्रेम, लताएँ
पुस्तक की जिल्द
सब नष्ट हो जाते हैं
मेघना के पानी से घिरकर
कराहते हैं
दिगन्त विस्तृत फ़सलों के हरे मैदान
तैरता है घर, गाय का बथान

बुआ के स्नेह की तरह
डूब जाता है नक़्क़ाशीदार पुराना तकिया
वासस्थान में कुछ भी शेष नहीं रहता है
जलप्रेमी चिड़ियाँ उड़ जाती हैं
अपनी चोंच से
झाग साफ़ करती हुई।

54. कविता अभी

कविता
बचपन की स्मृति है

मेरी माँ का उदास चेहरा है
नीम के डाल पर बैठी
पीली चिड़िया है

कविता
पत्ते की आग के सहारे
रात काटते मेरे छोटे भाई-बहन हैं
साइकिल की आवाज़ के साथ
घर लौटते मेरे अब्बा हैं
राबेया-राबेया पुकार पर
दक्षिण का दरवाज़ा खोलती मेरी माँ है

कविता
नदी का घुटना भर पानी है
कोहरे से ढँका रास्ता है
भोर का अजान या होलिका दहन है
पूए के पेट में तिल की ख़ुशबू है
मछली की आमिषगन्ध है
आँगन में बिछा जाल है, और
झाड़ियों से ढँकी
मेरे भाई की क़ब्र है

कविता
सन् छियालीस में
एक किशोर का होश सँभालना है
स्कूल से भागकर
गोष्ठियों, आज़ादी के जुलूसों में
शामिल होना है

कविता
चारों ओर फैले दंगे की आग में

झुलसे
निःस्व अग्रज का कातर बयान है

कविता
रेतीली चिड़िया है
चुना हुआ बतख का अंडा है
सुगन्धित घास है
उदास चेहरा किसी औरत का
खोया हुआ बछड़ा है
गुप्तपत्र के नीले काग़ज़ में
सजाया हुआ अक्षर है
कविता, मकतब की बेटी
खुले बालों वाली
डॉक्टर आयशा है।

55. मेरा उद्यम

मेरे उद्यम अब प्रस्फुटित नहीं होते
बीज बोने की ज़मीन मैं भूल गया हूँ
जिस तरह वंचित उदास किसान
भूल जाता है
जोती हुई अपनी ही ज़मीन को

उर्वरता ने कभी
आवेश से पुकारा था मुझे
मेरा बदन था तब सीधा तना हुआ
आँखें थीं सुबह की तरह खुली हुईं
मैं रेत पर क़ब्ज़ा जमाने वाले
स्वेच्छाचारी किसी लठैत की तरह
आ डटा था फ़सलों के मैदान में

मैंने कितने खेतों को रौंदा है

कितने मेंड़ों को मिटाया हैं
फ़सलों के भार से
हर बार झुकी है ज़मीन
क्यों तब, एक विनम्र किसान की तरह
मैं घर लौट नहीं सका?
क्यों? क्यों?

आज, खेतों के नाम मैं भूल गया हूँ
भूल गया हूँ वर्षाती महीने कब आते हैं
कब चले जाते हैं
मेरा बदन झुक गया है
हाथ उद्यमहीन हो गये हैं
और मेरी आँखें?
हाय रे मेरी आँखें
गँदले पानी में खो गयी
बच्चे की गोलियों की तरह
ग़ायब हैं।

अबुहिना मुस्तफा कमाल की कविता

56. ग़ालिब की इच्छा अनिच्छा

जब वे नहीं रहेंगे
तब भी लड़कियाँ
अठारह वर्ष की होंगी
यह सोचकर
ग़ालिब बहुत दुखी हुए थे

वे जन्नत नहीं जाना चाहते थे

इसी बहाने कि
वहाँ कोई नवजवान हूर नहीं होगी
सब की उम्र होगी हज़ार वर्ष

मृत्यु के बाद
उनके पाप कर्मों के लिए
जब अल्लाह तिरस्कृत करेंगे
तब ग़ालिब कहेंगे
(उन्होंने सोच रखा था)
ऐ खुदा!
जिन गुनाहों को मैंने
अब तक नहीं किया है
उन्हें करने के लिए
मुझे फिर से धरती पर
भेज दीजिए

ग़ालिब मेरे प्रिय कवि हैं
इसलिए मैं हमेशा लज्जित रहता हूँ
क्योंकि मैं कभी भी
ग़ालिब सा साहसी
नहीं बन सकूँगा।

जिया हयदरं की कविताएँ

57. जागना

रात गहराने पर
हर कोई सो जाय
ऐसा नहीं होता,

जागते हैं तारे, आकाशगंगा
बादल, चाँद और नीलिमा

जागता है फ़ुटपाथ
अपने उजड़े लोगों के साथ
जागता है स्टेशन
लाल, हरी बत्तियों के साथ
भण्डर और भिखारिनियों के साथ

जागते हैं कुत्ते, सियार, वेश्या
दलाल, कामुक महाजन
और जागते हैं
कहानियों के काल्पनिक पात्र
रात भर जागता है जेलखाना
राजा का पहरेदार
इन्हें सोना नहीं चाहिए इसीलिए
क़ैदी और राजा को ज़रूरी है
नींद

रात भर जागता है षड्यन्त्र
दिन की रोशनी में
सत्य से बचने के लिए
आँखें बन्द किये रहता है वह
इसलिए रात भर जागना
ज़रूरी है उसके लिए, क्योंकि
हरी धरती को रक्तरंजित करने का
महान दायित्व होता है उसके पास
बात अन्ततः यही ठहरती है, कि
रात सोने के लिए ही नहीं है
किसी न किसी को
जागना ही पड़ता है रात भर

मैं भी जागता रहता हूँ
लेकिन क्यों?

इस प्रश्न का जवाब ढूँढ़ते-ढूँढ़ते
जब मैं हार गया था, तब
जिया ने ही मुझसे कहा—
मेरे ही ख़िलाफ़ रचने पड़ते हैं मुझे
रोज़ नये-नये षड्यन्त्र।

58. भागती छाया मेरी

आजकल मेरी छाया
नहीं बनती है ज़मीन पर
सूरज, बिजली या चाँद
किसी की भी रोशनी में
नहीं बनती है मेरी छाया
कभी-कभी लगता है
चिरपरिचित, पुरानी मेरी छाया
धीरे-धीरे प्रवेश कर गयी है
मेरे ही भीतर और मैं
छायाहीन बन गया हूँ

शरीर के अस्तित्व को दर्शानेवाली
छाया की ज़रूरत ही क्या है?
शायद यही कहेगी मेरी छाया
यदि उससे पूछूँ
लेकिन डर लगता है
यदि वह कह बैठे
अपने अस्तित्व को दर्शाने के लिए
शरीर की ही क्या ज़रूरत है?

आजकल अपनी छाया

नहीं देखता हूँ रोशनी में
इसलिए भागती छाया को
तलाशता हूँ सर्वग्रासी अँधेरे में,
छायाहीन मेरा अस्तित्व
लगातार धुँधला होता जा रहा है।

फजल शहाबुद्दीन की कविताएँ

59. पुरानी शाम

कौन सा गीत सुनाऊँ?

किसकी म्लान हँसी
याद आ रही है आज?
कहाँ है वह घनी छाया
हरी घासों का सौन्दर्य
उड़ती चिड़ियाँ, वे गाँव,
नदी का फैलाव
बाँसवन की आँधी
गन्ध बाज़ार में
छोटे-छोटे जीवन के वे बोल
पद्मा के उफनते पानी में
तैरते स्टीमर?

कहाँ हैं सब?
धूल और आँधी के साथ
कहाँ खो गये सब?

दूर कहीं
हेमन्त की शाम, ओस, छाया
तरंगों का बनना
दिन ढल जाने पर
हाथ में दीपक लिए
किसी का घर में आना
अगहन के पीले सपने बुनना
प्राणखिली धूप में
किसी के स्वर का काँपना
निथर ओस में
किसी की हँसी का
नींद बनकर फैल जाना
कहाँ हैं सब?

पुरानी शाम
उड़ती चिड़ियों का गाँव
आज भी मेरे मन में
एक तान की तरह
बजते रहते हैं
कौन सा गीत सुनाऊँ?
अभी मेरे ख़ून में
रातें आती हैं, वर्षा उतरती हैं,
उठते रहते हैं तूफ़ान लगातार
विशाल सूर्यास्त के समय
मदहोश कौवे
रक्तिम आकाश में फैलकर
कोरस गाते हुए
लौटते हैं गाँव

नाचती है छाया
कहीं वनपाखी के पंखों में
कहीं आम के रंग में, बाँसवन में

कहीं पोखर घाट में, कलश में
भीगे वस्त्र में
कहीं चन्दन काया के एकान्त सौन्दर्य में
किसकी म्लान हँसी
याद आ रही है आज?
कहाँ है कलोलिनी पद्मा का
चंचल वह प्रवाह?

60. पृथ्वी की ओर

तुमने क्यों भेज दिया मुझे
इस महाशून्य में
अनगिनत इन नक्षत्रों, ग्रहों के बीच
क्यों धकेल दिया मुझे पृथ्वी से
जहाँ वायु नहीं है
        वज़न नहीं है
        शब्द नहीं है
        गन्ध नहीं है
        स्पर्श नहीं है
कहाँ भेज दिया मुझे
किस महाशून्य में!

यह कैसी जगह है
यह कैमा विश्व है
यह कैसी प्रकृति है
यहाँ सूर्योदय नहीं है, सूर्यास्त नहीं है
चाँदनी नहीं है, अन्धकार नहीं है
भोर नहीं है, गोधूलि नहीं है
यह कहाँ पहुँच गया मैं

कहाँ भेज दिया मुझे तुमने

किस शून्यता में!
दिन नहीं, रात नहीं
महीना नहीं, वर्ष नहीं, शताब्दी नहीं
समुद्र का तट नहीं, पर्वत की तराई नहीं
वर्षा नहीं, मेघ नहीं, वन नहीं, छाया नहीं
पत्ते नहीं, फूल नहीं, चिड़ियाँ नहीं
कहाँ चला जा रहा हूँ मैं
किस देश में, किस शून्यता में
किस ग्रह की ओर, किस नक्षत्र
किस नीहारिका की ओर

असत्य है यहाँ का आलोक विस्तार
ख़ामोशी के चीत्कार
वर्णहीन स्वच्छता
दिशाहीन परिमण्डल

यह कहाँ पहुँच गया मैं
जल और हवा को छोड़कर
गन्ध और स्पर्श को छोड़कर
नदी और सागर के
प्राचीनतम संगीत को छोड़कर

मैं नहीं चाहता नक्षत्रों की ओर जाना
अपरिचित किसी ग्रह में उतरना
क्यों तुमने भेज दिया मुझे
इस महाशून्यता में
हृदयहीनता के इस अनन्त विस्तार में

मैं लौटना चाहता हूँ पृथ्वी में
मैं लौटना चाहता हूँ
नदी के पास, पेड़ के पास

फूलों के पास, चिड़ियों के पास
चुम्बन के पास, आलिंगन के पास
जवानी के पास, बुढ़ापे के पास
मैं लौटना चाहता हूँ,
जाड़ा, गर्मी, वर्षा और वसन्त के गीतों के पास
मैं लौटना चाहता हूँ पृथ्वी के पास।

मोहम्मद महफुज उल्लाह की कविताएँ

61. आलेख

आजकल
अच्छे समाचार नहीं होते
समाचार पत्रों में
आँखों के सामने
फैली रहती हैं, केवल
दुर्घटना की ही तस्वीरें
हत्या, मृत्यु, षड्यन्त्र
कितनी आसानी से
घटते जा रहे हैं
लगता है विनाश की काली शक्ति
सब कुछ निगल जायेगी इसी तरह

कहीं युद्ध के भय, विभीषिका
भाई की हत्या
कहीं प्रकृति का भयावह ताण्डव
दे रहे हैं आघात और
बज रहे हैं शोक के करुण सुर

रुदन के विशाल परिमण्डल में
खो रहे हैं आदमी के सपने
जीवन की ग्लानि
ज़्यादा बड़ी होती जा रही है,
विश्वजीवन डूबता जा रहा है,
एक भयानक शून्यगर्भ में,
आदमी के बीच
विश्वास और आस्था के बन्धन
लगातार टूटते जा रहे हैं
अटल रहना और सम्भव नहीं है
देखकर यह सब
जागता है प्रश्न मन में
छोटी-छोटी ये पराजय ही
क्या निश्चिह्न कर देंगे सब कुछ?

62. फिर भी मेरे सपने

सूखे में जब नष्ट होने लगते हैं
फ़सलों के खेत, हरित क्रान्ति
तब भी जन्म लेते हैं मेरे सपने

अन्तर्मुखी किसी दर्द से क्षय होते
आदमी की तरह
गहरे किसी घाव से पीड़ित
मिट्टी की, सोंधी महक
जब धीरे-धीरे ख़त्म होने लगती है
घास शून्य होने लगते हैं हरे मैदान
धरती मलिन होने लगती है
तब भी जन्म लेते हैं मेरे सपने

जब घर से जाने लगता है
सुख, पारस्परिक प्रेम
जटिलताएँ सूक्ष्म रूप लेती हुई
ग्रन्थियों में प्रवेश करने लगती हैं
उठती हैं नयी-नयी समस्याएँ
दर्द का नीला रंग
और गाढ़ा होने लगता है
तब भी जन्म लेते हैं मेरे सपने
उम्र बढ़ती जाती है प्रकृति के नियम में
काले बाल अनजाने में ही
सफ़ेद होने लगते हैं
वसन्त, शीत, ग्रीष्म, वर्षा में बीते
सुख-दुख के क्षण
कविता बनकर रह जाते हैं यादों में
तब भी जन्म लेते हैं मेरे सपने

पहचाना चेहरा जब दूर चला जाता है
दोस्त, प्रियजन पहुँचने लगते हैं अन्तिम पते पर
काल का डाकिया जब रख जाता है पत्त
कभी-कभी दे जाता है दस्तक
तब भी जन्म लेते हैं मेरे सपने।

बेलाल चौधरी की कविताएँ

63. आत्म प्रतिकृति

सारा दिन गाँव में घूमकर
क्या देखता रहा?

जंगली फूल, काँटे
चिड़ियों के शोर?
गाँव में अब कहाँ हैं
दन्तकथा के वे मलमल
रंग-बिरंगी चटाई की बुनाई में
व्यस्त दिन
धान से भरे गोले
गायों से भरे बथान
मछलियों से भरे तालाब
अब कहानियों में रह गये हैं
गाँव का सौन्दर्य नष्ट हो गया है
घनी हरियाली खो गयी है
बढ़ती गयी है केवल आबादी
चारों ओर आदमी आदमी

सभी आदमियों को जोड़कर
जिस औसत आदमी की तस्वीर
बनती है
उससे ज़्यादा श्रीहीन प्राणी
और नहीं हो सकता
पतले-पतले पैर, कमज़ोर ढाँचा
फूला हुआ पेट
चेहरे में, आँखों में पीली शून्यता

आदमी की भीड़ में
एक आदमी को तलाशता हुआ
मैं चल रहा था
यह वह समय था, जब
चिड़ियाँ गाती हुई
घोंसलों में लौट रही थीं

मेरी बायीं तरफ़ से गुज़र रही थी

एक शीर्णकाया दुखियारी नदी
छल-छल आवाज़ या
बैलों के खुर से धूल उड़ती
कविता की गोधूलि
उसके आसपास कहीं नहीं थी

मुझे दीख रहा था
बाँस पर टँगा एक जाल
जिसमें उलझे थे
मरी मछलियों के अवशेष
उसके दूसरी तरफ़
रास्ते से सटी खड़ी थी
एक पुरानी मस्जिद
जिसकी दीवारों पर उग आये थे
शैवाल और लताएँ

दीवार फोड़कर निकला
पीपल का एक पौधा
नदी से आ रही धीमी हवा में
झूम रहा था और गरदन बढ़ाये
नदी को ही देख रहा था

दो अलग-अलग पृष्ठभूमियों के बीच
खड़ा होकर अचानक मुझे लगा
बीसवीं शताब्दी का
एक उजड़ा हुआ अकेला आदमी हूँ
मैं कहता हूँ स्वेच्छा से निर्वासित हूँ
लेकिन घर से उजड़ने का दर्द
टिसता रहता है मेरे भीतर

इसी तरह के अख्यात एक गाँव में
पैदा हुआ था मैं

पूर्वज सब थे खेतिहर,
अपनी महत्त्वाकांक्षाओं के लिए
ज़मीन से कटकर मैं बना हूँ नगरवासी,
और कब तक इस तरह
अपने को धोखा देता फिरूँगा!

64. स्त्रोतस्विनी की अपनी बात

एक दिन अचानक
वन के भीतर प्रवेश कर गया मैं
अकेला अपनी ही धुन में
जिस तरह कोई पटवारी
हज़ार पेज वाली अपनी
हृदय-रूपी किताब
न पढ़ते हुए पन्ने पलटता रहता है
और बादशाही आलस्य के कारण
उसे रख देने की तकलीफ़ भी
नहीं उठाता है

वन की अखण्ड नीरवता के बहुत पीछे
छोड़ आया हूँ बस्ती खेत-खलिहान
लोगों की आवाज़ नहीं पहुँच रही है
यहाँ इतनी दूर
हालाँकि आज हम बधिर ही ज़्यादा हैं

वन तो दूर अँधेरे में खोयी
पर्वतमाला की तरह है
वहाँ तक न पहुँच पाने की असमर्थता
ज़्यादा बड़ी है

जलावन की लकड़ी के ढेर
बढ़ रहे हैं

भीगा ठण्डा अँधेरा फैला रहा है
वन के ऊपर

मेरे लौटने का समय हो गया है
किसी भी तरह मुझे अब जल्द लौटना होगा
लौटने के जितने रास्ते दीख रहे हैं
उन सब पर प्रयास करना होगा।

उमर अली की कविता

65. इस देश की साँवली औरत

इस देश की साँवली औरत
मन भाती है
आइवी-लता सी वह सरल है
उसके होंठों पर स्निग्ध हँसी है
स्नान के बाद वह
धूप में सुखाती है भीगे बाल
इस देश की मिट्टी से बनी
चित्रपट पर
एक ख़ूबसूरत तस्वीर है वह
मायावी उज्ज्वल आँखों से
हिरणी की तरह निहारती है वह
उसके बदन में जागती है
इस देश की किसी मूक नदी की ज्वार
हल्के वस्त्र में लिपटी रहती है
उसकी कंचन-काया

प्रेम का उपहार वह चाहती है

सन्तान के चेहरे में
एक हाथ में नवजात शिशु
दूसरे में रसोई का चूल्हा
प्राणों से भी ज़्यादा प्रिय है उसे
अपना यह संसार
स्वजन के लिए
वह सदैव है करुणामयी

साफ़-साफ़ तस्वीरें
बनाती रहती है वह परिश्रम से
अपने संसार के चारों ओर
एक कुशल कलाकार है
इस देश की साँवली औरत
मेहनती पुरुष रहते हैं
उसके संसार की परिधि में।

शहीद कादरी की कविता

66. अग्रज के उत्तर

नहीं, शहीद घर में नहीं है
गोधूलि के समय
वह कभी घर में नहीं रहता है
इस समय उसे कभी नहीं पाया जायेगा

प्रकृति में खोया रहता है
ऐसी बात नहीं है
यदि ऐसा होता तब तो अच्छा ही होता

कम-से-कम आँखों की बीमारी
ठीक हो जाती उसकी
प्रकृति की हरियाली से

मध्यरात्रि में जब
ज़ोर से बज उठती है
दरवाज़े की कुण्डी
जैसे ज़रूरी दु:संवाद लेकर
आया हो कोई,
मेरे टूटे सपने
भयाक्रालन्त करते हैं मुझे
फिर मर्माहत की तरह
उसकी आवाज़ आती है—भाई-भाई
याद है
उस बार दार्जिलिंग में
फिसलन भरे रास्ते से
इसी तरह ज़ोर से पुकारते हुए
एक अपरिचित आदमी
गिर गया था
हज़ार-हज़ार फ़ीट नीचे

डरते हुए दरवाज़ा खोलता हूँ
देख पाता हूँ उसे मध्यरात्रि में
पता नहीं कहाँ जाता है
क्या करता है
कैसे कटते हैं दिन-रात
नौकरी में मन नहीं है
हमेशा आँखें रहती हैं लाल
चेहरे को देखकर लगता है
बालों की जगह
उड़ रही है शोक पताका

नहीं नहीं

वह नहीं है
निकला है सुबह-सुबह ही
शहीद कादरी
घर में नहीं है।

मनजुरे मौला की कविताएँ

67. यदि रात में

यदि रात में वर्षा हो, तो
सफ़ेद एक चादर से ढँक देना
यह चेहरा, ये हाथ
सुगन्धित बाल

आदमी के स्पर्श के पीछे तब
खिल सकते हैं फूल
इस तरह नींद खुले, तो
खिल सकते हैं फूल

यदि रात में वर्षा हो
यदि भीग जाय रास्ता, तो
रास्ते के किनारे
टाँग देना
आदमी के चेहरे
क्योंकि, आदमी के लिए
यह जानना ज़रूरी है, कि
और भी बहुत कुछ हैं
जिनमें जीवन है
जिनके साथ जीया जा सकता है

यदि रात में वर्षा हो, तो
हरी पत्तियों पर नज़र रखना,
भीगी चिड़ियों को तलाशकर
घर ले आना
आदमी का ही काम है।

68. वह

वह एक सुगन्धित लता है
जो पृथ्वी को भर देती है
ख़ूबसूरत लाल-पीले फूलों से

वह एक रंगीन नदी है
वह सूरज के साथ चलती है

दीवानी हवा! लौट आओ तुम
वह कभी दीवानी नहीं बनेगी
चाँदनी कभी नहीं काँपती
चाहे आँधी हो या तूफ़ान

रफीक आज़ाद की कविताएँ

69. वसन्त में मत आना

सुन्दर मुहूर्त्त
तुम फिर एक बार आओ
इस कुटिया में

किस ओर से कैसे आओगे

संकेत भेजो मुझे
मुझे बताओ, ठीक कौन सा मौसम
तुम्हें ज़्यादा प्रिय है

ग्रीष्म में यदि आओ
दक्षिण द्वार खोल रखूँगा
शीत में आओ, तो
उत्तर की बर्फ़ीली हवा में
तैर कर आ सकते हो
वर्षा की बूँदें बन यदि आओ
मैं भीगने के लिए तैयार मिलूँगा
हेमन्त की फ़सल के साथ आओगे, तो
देखोगे मैं कितना उत्कण्ठित हूँ
शरद के सफ़ेद बादल या
खिली धूप के साथ आओगे?
प्रतीक्षारत रहूँगा

वसन्त में तो हर कोई आता है
वसन्त में तुम मत आना।

70. यह सीढ़ी

यह सीढ़ी उतर गयी है
बंगोपसागर में
सीढ़ी से उतर गयी है
ख़ून की धारा

बत्तीस नम्बर से
फ़सलों के हरे मैदान होती हुई
स्वच्छ ख़ून की धारा
बह गयी है बंगोप सागर में

उन्हें अच्छा लगता था
फ़सलों से भरे मैदान
उनकी आँखें तरसती थीं
चिड़ियों के लिए
चिड़ियों से प्रेम था उन्हें

प्रिय तमाकू की महक भूलकर
पेड़-पौधों को देखते रह जाते थे वे
बहुत सुबह
चिड़ियों के गीत से
खुल जाती थीं उनकी आँखें

उनके हृदय में भरे थे सपने,
इस देश का सब कुछ
नगण्य और छोटा हुआ तो क्या
पिता के हृदय में स्नेह था
उनकी आँखों में नमी थी।

71. भात दे हरामजादे

बहुत भूखा हूँ
पेट के भीतर लगी है आग,
शरीर की समस्त क्रियाओं से ऊपर
अनुभूत हो रही है हर क्षण
सर्वग्रसी भूख

अनावृष्टि जिस तरह
चैत के खेतों में
फैलाती है तपन
उसी तरह
भूख की ज्वाला से

जल रही है देह

दोनों शाम
दो मुट्ठी मिले भात तो
और माँग नहीं है;
लोग तो बहुत कुछ
माँग रहे हैं
बाड़ी, गाड़ी, पैसा
किसी को चाहिए यश,
मेरी माँग बहुत छोटी है

जल रहा है पेट
मुझे भात चाहिए
ठण्डा हो या गरम
महीन हो या मोटा
राशन का लाल चावल
वह भी चलेगा
थाल भरकर चाहिए
दोनों शाम दो मुट्ठी मिले तो
छोड़ सकता हूँ अन्य सभी माँगें
अतिरिक्त लोभ नहीं है
यौन क्षुधा भी नहीं है
नहीं चाहिए
नाभि के नीचे की साड़ी
साड़ी में लिपटी गुड़िया
जिसे चाहिए उसे दे दो
याद रखो
मुझे उसकी ज़रूरत नहीं है

नहीं मिटा सकते यदि
मेरी यह छोटी माँग, तो

तुम्हारे सम्पूर्ण राज्य में
मचा दूँगा उथल-पुथल
भूखों के लिए नहीं होते
हित-अहित, न्याय-अन्याय

सामने जो कुछ मिलेगा
निगलता चला जाऊँगा निर्विचार
कुछ भी नहीं छोड़ूँगा शेष
यदि तुम भी मिल गये सामने
राक्षसी मेरी भूख के लिए
बन जाओगे उपादेय आहार

सर्वग्रासी हो उठे यदि
सामान्य भूख, तो
परिणाम भयावह होते हैं
याद रखना

दृश्य से द्रष्टा तक की
धारावाहिकता को खाने के बाद
क्रमश: खाऊँगा
पेड़-पौधे, नदी-नाले
गाँव-क़स्बे, फ़ुटपाथ-रास्ते
पथचारी, नितम्ब-प्रधान नारी
झण्डे के साथ खाद्य मन्त्री
मन्त्री की गाड़ी

मेरी भूख की ज्वाला से
कोई नहीं बचेगा,
भात दे हरामज़ादे
नहीं तो खा जाऊँगा
तेरा मानचित्र।

असाद चौधरी की कविता

72. फरार सत्य

कहाँ छिप गया सत्य?

दूध की बोतल में या
भात की हाँड़ी में नहीं है वह
रेस्तरां, होटल, सैलून,
पुस्तकालय की गन्ध
टेलीविज़न सिनेमा या बेतार
नाव के खोल, साँप की पिटारी
में भी नहीं
गुड़ के कलश, विष के डिब्बे
चीनों के जार, बाज़ार की थैली,
सिगरेट के डब्बे, पान की डिब्बी,
जर्दे की शीशी, लक्ष्मी के घट
पात्र के भीतर, खाट के नीचे
हर जगह तलाश कर देखा
कहीं नहीं है सत्य

पत्रकार के टेबुल पर
काग़ज़, कापी, किताब, क़लम में
इंजेक्शन और दाद के मलहम में
वैनिटी बैग, आँचल या जेब में
बैंक के सन्दूक में
कहीं नहीं हैं सत्य

कविता में नहीं है, संगीत में नहीं है
नारी की भौं भंगिमा में नहीं है
पागल के प्रलाप में नहीं है
नाटक के संवाद में नहीं है

शासन में नहीं भाषण में नहीं
अन्धकार में नहीं, प्रकाश में नहीं
रेख में नहीं, लेख में नहीं
उत्तर में नहीं, प्रश्न में नहीं
लिबास में नहीं, सिलेबस में नहीं
परमिट में नहीं, बोनस में नहीं
आशा, निराशा, प्यास में नहीं
प्रेम प्रीति, उल्लास में नहीं
यहाँ तक कि कालाबाज़ार में भी
नहीं है सत्य

कहाँ छिप गया सत्य?

मोफज्जल करीम को कविता

73. कृष्ण अभी

तुम्हारे साथ प्रेम करूँ
यह चाहते हो
लेकिन जब मैं कहती हूँ
चलो, आज की शाम
हम बातों में ही गुजारें
तब तुम कहते हो—राधा मेरी राधा
शाम तो क़ैद है कारख़ाने में ही

मेरे साथ
घर बसाना चाहते हो
लेकिन जब मैं

घर के रास्ते पर चलती हूँ
तब तुम व्यस्त हो दौड़ पड़ते हो
राशन की दुकान की ओर

मैंने कहा, रात केवल बचा लो
बचाओ रात को मेरे लिए
तुमने कहा—राधा मेरी राधा
कारख़ाने की चिमनी को देखो

जानना चाहती हूँ साफ़-साफ़ जब
मेरे लिए थोड़ा सा समय भी
क्यों नहीं निकाल पाते तुम?
तुम कहते हो—राधा मेरी राधा
जीवन तो मेरा है
बस तीन शिफ्टों में ही बँधा।

मोहम्मद रफीक की कविता

74. कीर्तिनाशा

इस तरह भीगते हुए कीर्तिनाशा
और कितनी दूर चलोगे?
इस देश में बाढ़ का कोई अन्त है?

बादल की पीठ पर फैली हैं
बिखरे भीगे बालों की तरंगें
वर्षा की ठण्डी सुइयाँ
बिध रही हैं सारे शरीर में
आज रात

लाखों कामातुर मगरमच्छ
उठ आयेंगे तट पर और
चुम्बन से भर देंगे एक दूसरे को,
आज रात
लाखों उद्दाम मछलियाँ
भूख के हाहाकार से भर देंगी
सारी नदी

इस तरह जलते हुए कीर्तिनाशा
और कितनी दूर चलोगे?
इस देश में सूखे का,
मृत्यु और महामारी का कोई अन्त है?

शरीर में लिपटी है उसके
दरिद्रता की तार-तार साड़ी
सूरज की लोलुप निष्ठुर निगाहें-
जल उठी हैं देखो
इस तरह ग़रीबी और दु:ख के साथ
कीर्तिनाशा
और कितनी दूर चल पाओगे?
उसका शरीर ही कारण बनेगा
कोई उसे ठीक नोच खायेगा।

फरहाद मजहर की कविता

75. कविता

तुम आती हो
कंगन बजाती हुई आँगन में

दुल्हन की तरह
दुल्हन हो तुम

जगाती हुई ख़ामोश मुहल्ले को
रोककर बेसुरे गीत,
कोलाहल, चीत्कार
तुम आती हो लोकालय में
भोर की तरह
भोर हो तुम
इस्टविलेज का क्रॉस
यीशु का दर्द देख
दूसरा संवाद लाती हो तुम

तर्जनी की तरह सीधी
होंठों को बन्द कर
विस्तृत नीलिमा से उतरती हुई
एरोप्लेन की तरह आती हो तुम
एरोप्लेन हो तुम
व्यस्ततम शुभापोर्ट में
सितार का तार बन
बजती हो तुम

टेलीग्राम टेलीग्राम की आवाज़ से
गाँव भर को चौंकाने वाले
डाकिये की तरह आती हो तुम
आती हो चुपचाप गुप्तचर की तरह
लाती हो शब्दावली
कहीं भी चली जाती हो
योर ऑनर! अनायास

समय पर लगाती हो निशान

टाइमटेबुल बनाती हो कवियों के लिए
इतिहास जहाँ नज़रें टिकाकर
निश्चित कर लेता है तिथियाँ।

महादेव साहा की कविता

76. न धूप न वर्षा

धूप भी नहीं वर्षा भी नहीं,
इसी तरह गुज़र रहे हैं दिन
लगता है वर्षा होगी
भीगेंगे खेत, वनभूमि
पेड़ के ऊपर से टपकेगा पानी
अस्पताल की व्यस्त नर्स
आ खड़ी होगी खिड़की के पास
देखेगी, वर्षा कैसे उतरती है
कैसे बादल के हौज से
गिरता है पानी

दूसरे ही क्षण देखा जायेगा
आकाश साफ़ हो रहा है
धूप निकलने ही वाली है,
छत पर तब पसारे जायेंगे
भीगे कपड़े
सड़क पर निकल आयेंगे लोग
रद्द उड़ान फिर निर्धारित होगी

धूप खिलेगी या वर्षा होगी

यही नियम है
लेकिन कभी-कभी
आकाश में छाये रहते हैं बादल
और बादलों के पीछे
गुज़र जाता है समय
दिन भर नहीं दीखता है सूरज
दोपहर दो बजे भी लगता है
'रेडियो से अभी ख़त्म हुआ है
सुबह का समाचार

घर आँगन, पेड़-पौधे
सब त्रस्त हैं
जैसे किसी ज़िद्दी लड़की का
संसार है यह
मौसम विभाग की सूचना है, कि
वर्षा होगी
आकाश में भी देख रहा हूँ बादल
लेकिन न धूप है, न वर्षा है
दरअसल इसी तरह
गुज़र रहा है समय।

निर्मलेन्दु गुण की कविताएँ

77. आदमी

मैं शायद आदमी नहीं हूँ
मुझसे अलग होते हैं आदमी
वे उठ सकते हैं, बैठ सकते हैं

इस कमरे से उस कमरे तक
जा सकते हैं
फन काढ़े विषधर को देख
भाग सकते हैं

मैं शायद आदमी नहीं हूँ
सारा दिन पेड़ की तरह
खड़ा रहता हूँ
साँप के डसने पर भी
जान नहीं पाता हूँ
सिनेमा देख गीत नहीं गाता

कितने दिन मैंने नहीं पाया
बर्फ़ सा ठण्डा पानी
फिर भी ज़िन्दा हूँ
सुबह, दोपहर, शाम गुज़ारते हुए
ज़िन्दा हूँ
ताज्जुब लगता है
मैं शायद आदमी नहीं हूँ
आदमी होता तो
जूते रहते, घर रहता
घर में औरत रहती
मेरे जैसे बच्चे रहते
मैं शायद आदमी नहीं हूँ
आदमी होता तो
आकाश देख हँसता क्यों?
मुझसे अलग होते हैं आदमी
उनके हाथ, नाक, आँखें
ख़ूबसूरत रंगीन सपने
प्रेम के लिए किये गये वादे
अलग होते हैं

आदमी होता तो
जंघे पर निशान होते

आँखों में अभिमान होते
पिता होते, बहन होती
प्रेम निवेदन के लिए
नारी होती
अचानक मर जाने का भय होता

मैं शायद आदमी नहीं हूँ
आदमी होता तो
तुम्हारे लिए कविता न लिख पाता
तुम्हारे बग़ैर रातें काटते हुए
इस तरह जी न पाता

फन काढ़े विषधर को देख
भागने लगते हैं आदमी
मैं उन्हें देख आगे बढ़ता हूँ
आदमी समझ उनसे ही
लिपट जाता हूँ मैं।

78. हथियार

पुलिस स्टेशन में भीड़ है
शहर के सन्दिग्ध लोग
अपने-अपने हथियार
जमा दे रहे हैं

फ़ौजी क़ानून से डरे लोग
अपने-अपने हथियार
शाटगन, रायफल, पिस्तौल, गोलियाँ
दरगाह पर चढ़ाये जाते
फूलों के गुच्छों की तरह
रख रहे हैं गुण्डों के आगे

मैंने फ़ौजी क़ानून को नकार दिया है
विद्रोही मैं, सब की आँखों के सामने से
लौट रहा हूँ घर में
मेरे पास सबसे घातक हथियार है
मैंने अपना हृदय
वह घातक हथियार
उनके आगे जमा नहीं दिया है।

79. उससे पहले चाहिए समाजतन्त्र

तुम्हारे लिए ज़रूर किसी दिन
ख़रीद सकूँगा
सोने के गहनों का सेट
कम-से-कम एक नाक का फूल
तुम्हारे लिए ज़रूर किसी दिन
ख़रीद सकूँगा
सुन्दर इजिपशियन कार्पेट
मखमल नील वस्त्र में
राजहंसी की तरह तब तुम
सारे घर में तैरती फिरोगी, लेकिन
उससे पहले चाहिए समाजतन्त्र

तुम्हारे लिए ज़रूर किसी दिन
ख़रीद सकूँगा
सुन्दर छोटी लेफ्ट-हैंड-ड्राइव गाड़ी
पीली, कत्थई या नीली
जैसी भी तुम चाहो
तुम आराम से और जल्द
जा सकोगी तब मधुपुर या ढाका

तुम्हारे लिए ज़रूर किसी दिन
ख़रीद सकूँगा टिकट

जापान में सूर्योदय देखने के लिए या
कॉक्स बाज़ार के नीले सागर तट पर
बर्फ़ की चोटियाँ और
अन्तरराष्ट्रीय नीला आकाश
देखने के लिए, लेकिन
उससे पहले चाहिए समाजतन्त्र

तुम्हारे लिए ज़रूर किसी दिन
ख़रीद सकूँगा
हंगरीयन ब्रा और सूरज की तरह लाल
स्कार्फ
तुम्हारी स्वप्निल गोद में
नये पत्ते की तरह कोमल एक बच्चा
खेलेगा किसी दिन
बरसात की पहाड़ी धारा सी
उसकी हँसी गूँजेगी चारों ओर, लेकिन
उससे पहले चाहिए समाजतन्त्र

एक दिन निश्चय ही यह धरती बदलेगी
एक दिन निश्चय ही सभी लोगों के सपने
एक बिन्दु पर आ मिलेंगे, लेकिन
उससे पहले चाहिए समाजतन्त्र।

हुमायुन आज़ाद की कविता

80. अर्द्धांश

जब फूल खिलते हैं
सारी रात सौरमण्डल में विचरने के बाद

पत्तों में दीखते हैं रोग के लक्षण
जब रात में जलता है
माधवी का सौन्दर्य और
दिन में उड़ती है केवल राख

जब चुम्बन ओठों में घोलता है
सुख
संगम ख़बर फैलाता है, कि
मैं एक उपदंशी कामुक हूँ,
बीमार रहता है अर्द्धांश

यदि स्वस्थ रहता है
रक्तमांस का यह शरीर तो
आत्मा के अस्वस्थ रक्त में
बह जाती है सभ्यता
बह जाती है मिट्टी धरती की।

अबुल हसन की कविताएँ

81. उदित दुःख का देश

उदित दुःख का देश, ओ कविता,
ओ दूधभात तुम लौट आओ
मनुष्य क लोकालय में
विश्व प्रेमिक कवि की तरह
तुम जीवित रहो
तुम फिर लाओ सुसमय

औरत की छाती में
बच्चे के लिए दूध नहीं है
प्रेमिक पुरुष दूध के लिए
गये हैं दूर वन में
सेमल फूल के पास
ओस के लिए गयी है सुबह

सूरज के पास रोशनी नहीं है
सव्यसाची चले गये हैं इसीलिए
यह समय अकाल का है
लकड़हारे की तरह
लकड़ी संचय करना है
किसी तरह जीवित रहना है

उचित दु:ख का देश, ओ कविता
ओ दूधभात तुम लौट आओ, ताकि
सूरज ला सके ओस भीगी सुबह
मातृस्तन फिर भर उठे दूध से

पितृ-पुरुष के पास
हमारे जो क़र्ज़ हैं
हम उन्हें उतारना चाहते हैं,
फल से भरे वृक्ष के सामने
फ़सलों की शोभा के सामने
घुटने टेकना चाहते हैं
बालकों की तरह तुम्हारी गोद में खेलकर
घर लौटना चाहते हैं

ओ कविता, तुमने क्या नहीं देखे
हमारे घर-घर के हथकरघे?
साइकिल पर चलते पथिक?

हरे जलाशय की सिहरन?
गन्धमूल के पीले वन?
धूप में बिछी औरत की साड़ी?

तुमने क्या नहीं देखे
हमारी डूबती आँखों के कोने में
सब कुछ लुट जाने के शोक?
तुमने क्या नहीं देखे
हमारी आत्माहुति के काल?

तुम क्या नहीं जानते
प्रेम आज भी दुःख पाकर कहता है
ओ दुराशा, ओ नीलाभ आशा
अच्छे हो तुम

82. अभयदान

सार्वजनिक उस औरत के साथ
तुम सब नाचो, मदहोश होओ
मैं चलूँ
द्राविड़-देवदूत
मुझे जहाँ जो मिलें
महान वह मिथुन-मूर्ति
कुमारी के भीतर का मृदुक्षय
पिघले लोहे सी आग
मृत्यु
स्थिर अभिमान वह
मौलसिरी के बाग़

चलूँ
यात्रा से पहले
सब के लिए शुभकामनाएँ

यात्रा में
जहाँ जो मिलें
रास्ते में दल, हलाहल
वह पगली गली
छम् छम् बजाती ताली
उनसे मिलता चलूँ
चलते-चलते
सब के लिए शुभकामनाएँ

मैं चलूँ
यह जनस्थली सुन्दर हो
चारों ओर खिल उठें फूल
सभी घाटों पर
फिर आ लगे नाव

व्याकुल लालटेन
मेले से नहीं लौटी अब तक?
जाओ
अकेली बन्धनमुक्त हो
चल पड़ी है
नव कुमारों की टोली
उन्हें ताज पहनाओ

जाओ
समय की डोर पकड़ कर
ले आओ फ़सलों के मन्त्र,
निराकार सहनशील अन्धकार
ले आओ धरती पर
उगाओ वनस्पति
जाओ
स्वच्छ शीतल आसन ग्रहण करो

सारे अशुभ छूट जायँ पीछे।

83. पेड़

सजीव वस्त्र पहने
इन पेड़ों को देखो
हवा के साथ
कैसे झूम रहे हैं
हरी पत्तियों को फैलाकर
दक्ष नट की तरह
उन्मुक्त नाच रहे हैं

लकड़ी की खोह से
सुबह जब निकलती हैं मुरगियाँ
अनाज के दानों के लिए,
चिड़ियाँ चोंचों से उठा लाती हैं
ताज़ा सुगन्धित भोर,
तब लोकालय में ये पेड़
ढाल देते हैं महीन ऑक्सीजन
सोती चिड़िया की
देखभाल करते हैं ये सारी रात,
सूरज निकलने से पहले
नाश्ता लेकर खड़े रहते हैं
चिड़िया के दरवाज़े पर
खानसामे की तरह,
भरे-पूरे सन्दूक से
रोज़ निकालकर देते हैं
दवा, फल और जीवन

हम जब अपनी क़मीज़ के नीचे
चाक़ू छिपाये फिरते हैं

हरक्षण अँधेरे में आत्महत्या करते हैं
हर क्षण अविश्वास करते हुए
बातें करते हैं,
भीतर की आग में झुलसते रहते हैं,
उस क्षण अपनी दौलत को
बाँटते रहते हैं ये चुपचाप
बहुत दर्द होता है
जब कुल्हाड़ी की सलीब पर
बिंधते हुए देखता हूँ
मेरी की इन सन्तानों को।

सनाउल हक़ ख़ान की कविता

83. पृष्ठाकर्षण

यौवन कह रहा है चलूँ
जीवन कह रहा है ठहरो
आकश झुककर देख रहा है
दो गीली आँखें

सड़क के ऊपर
अन्तिम पहर की धूप है
जुलूस कह रहा है, चलो
अनजाने पथिक सब
पकड़ कर हाथ
कह रहे हैं, साथ हो लो

मेघों के गर्जन में विदागीत हैं

वर्षा साथ चल रही है
नारी का भीगा आँचल
हवा में उड़ रहा है

मिट्टी चीख़ रही है
माँ रो रही है
मैं अकेला, उनके रुदन से
हक्काबक्का हो रहा हूँ

मैं कह रहा हूँ—चलूँ, मैं चलूँ
घर कह रहा है—नहीं
अबोध घर का दरवाज़ा
रोक रहा है क़दम—ठहरो।

अलताफ हुसैन की कविता

85. विवाह यात्रा में

नाव के सामने बैठा हूँ
मैं अकेला
तुम खोयी हो
संसार, प्रेम और
प्यास की बातों में

सुन नहीं पा रहा हूँ तुम्हारी बातें
मिले-जुले स्वर
कभी तीखे कभी मधुर
तैर रहे हैं हवा में, और

नीचे ताली बजाती
चली जा रही है जलराशि

रात गहराने पर किसी समय
थम गयीं सबकी बातें
हवा के साथ फैलती रही
ख़ामोशी
ध्यान टूटने पर देखता हूँ
सितारों से भर गयी है
यह दुनिया
इतने पास-पास हैं सितारे कि
आसानी से छुआ जा सकता है इन्हें

सितारों को छूने के लिए
बढ़े हाथ
लौट आते हैं और उसी समय
उठ खड़ी होती हो तुम
परिचित घाट आ जाने पर

उत्सव के बाजे बज रहे हैं
नाव घाट में लग रही है
तुम आतुर हो
तट पर क़दम रखने के लिए

मेरी दृष्टि अनायास चली जाती है
ऊपर
जहाँ शून्य को भर रहे हैं सितारे
नीचे
अतल जलराशि बह रही है
नाव से बँधा मैं
बैठा रहता हूँ स्तब्ध

हुमायुन कबीर की कविताएँ

86. यह कैसा शहर है

दोस्त!
कैसे शहर में आ रुके हम
सारी रात यहाँ सुनी जाती है
सन्तरियों के बूटों की आवाज़

फ़सलों के खेत
यहाँ नहीं दीखते
किसानों के क़दमों के निशान
यहाँ नहीं दीखते

चिड़ियाँ नहीं हैं, बच्चे नहीं हैं
इस शहर में
यहाँ हज़ारों ग़ुलाम
सोने की ज़ंजीरों में बँधे
खेल रहे हैं,
यह कैसा शहर है

तुम तो कहते थे
पर्यटक घूमते हैं यहाँ
ऊँचे गुम्बज हैं शहर में
मनोहारी फूल, पत्ते
पानी के फौव्वारे हैं
हर मोड़ पर,
चारों ओर है
प्रेम का सुहाना मौसम

यह कैसा शहर है जहाँ

किसानों के क़दमों के निशान
नहीं हैं?

87. मेरा भाई

स्टेनगन और गोलियों से
वह बजाता रहा धुन
बचपन की गेंद की तरह
फेंकता रहा ग्रेनेड
अकम्पित संगीन से भेदता रहा
दुश्मनों की देह,
वह मेरा अपना भाई था

उसे आज़ादी से बहुत प्रेम था
माँ के निषेध को नहीं माना उसने
पिता की बातों को टाल गया वह
देश के झण्डे ने
उसके भीतर भर दिया था
रक्तिम साहस
मातृभूमि की तस्वीर को हृदय में भरकर
वह कूद पड़ा था मुक्ति युद्ध में

मेरा किशोर भाई,
आज़ादी से बहुत प्रेम था उसे
नारों से उत्तेजित हो उठता था वह
स्वाभिमानी हवा ने पुकार लिया उसे
वह स्टेनगन और गोलियों से
बजाता रहा संगीत

विरोधी बन्दूक से निकली
निपुण एक गोली उसे छेद गयी थी, और

टूटे फूल सी उसकी देह
गिर पड़ी थी ज़मीन पर

नहीं जानता
कौन-कौन से घास या फूल
उगेंगे उसकी शय्या के चारों ओर,
मानवता के फूल खिलें
इसी सपने को साकार बनाने के लिए
उसने उठाया था हथियार

दुश्मन की गोली से घायल
जब वह गिर पड़ा होगा
उसकी आँखों में रही होगी
आकाश की तस्वीर
मानवता और बांग्लादेश के
बाग़-बग़ीचों की तस्वीर।

हबीबुल्लाह सिराजी की कविताएँ

88. शिपु के लिए एक कविता

जब धूप खिलती है
सोचता हूँ
प्रेम की लता बढ़ रही है
धीरे-धीरे,
आश्वस्त होता हूँ तब, कि
अब चेतना लौटेगी और

सहज ही पहचान लूँगा
नीम और जामुन के पेड़

जब मेघ गरजता है
सोचता हूँ
वर्षा में भीग जायेगा
उत्तर-दक्षिण,
सामने जो है
शायद वह भी निकल आयेगी
स्नानघर से बाहर

वैशाख में जब
वह रहती है साथ
कहता हूँ
समय तो निकलता जा रहा है
आओ इस वेला

हम भी गायें प्रेमगीत

89. मगरमच्छ और आदमी

मगरमच्छ को प्रिय है जल
जल का बर्फ़ीला स्वाद
वे जीवन भर पाना चाहते हैं,
आदमी को प्रिय है छल
छल के रास्ते पर चलकर
वे बनाते हैं अपना घर और
घेर देते हैं उसे कँटीले तार से
मगरमच्छ होते हैं भोगी,
आरामप्रिय और निद्राप्रिय
कभी-कभी वे होते हैं बेवकूफ़
आदमी होते हैं लोभी,
संचयी और हिंसक

कभी-कभी डरपोक

मगरमच्छ और आदमी में इसीलिए
बनती नहीं है
वे कतराते हैं एक दूसरे से
मित्र बनना नहीं चाहते हैं
कभी-कभी मुलाक़ात हो भी जाय तो
भागते हैं या दूर-दूर रहने की
कोशिश करते हैं

आदमी जल में चला जाय, या
मगरमच्छ ज़मीन पर आ जाय तो
उनके स्वभाव बदल जायेंगे यह
नामुमकिन है,
लेकिन आज मगरमच्छ और आदमी
समझौता करने लगे हैं
साथ-साथ रहने लगे हैं

मोहम्मद नुरुल हूदा की कविता

90. स्वजन की उक्ति

सिंहासन छोड़ने से पहले
अन्तिम दृश्य में घुटने टेकिये
महाराज!
स्थूल से आँखें हटाकर
अब सूक्ष्म को देखिये

हरे साम्राज्य की परिक्रमा कर
लोट आया हूँ मैं
उतार कर राजकीय वस्त्र

गुप्त सुरंगों में
उल्लास मना रहे हैं चूहे
भागने के सभी दरवाज़े बन्द हैं आज
महाराज!

तैमूर की तरह लँगड़ाते हुए
यदि धरती को रौंदना चाहते हैं आप
तो याद रखिए
इतिहास ख़ामोश संगीन की तरह
आगे बढ़ता है और
ख़ामोशी का अर्थ
पराजय नहीं होता

फ़सलों के हरे खेत में
ख़ामोशी
छापामार युद्ध की तैयारी है

अब देर नहीं है, जब
विनय से झुके दरबारी

ज़मीन पर लोटेंगे या अधिकांश
अपने चमकते हथियारों के साथ
जनता में ही जा मिलेंगे
विश्वासी द्वारपाल भी तब
खोल देगा प्रवेशद्वार

यह षड्यन्त्र नहीं है, राजन्!
जनता रक्तपायी कभी नहीं होती

वे प्रिय हैं
आपको अपने वर्ग में मिलाने के लिए
गोत्रहीन चिड़ियों की तरह
यह उनका संगठित शोर है

अस्तित्व की लड़ाई
यदि लड़ना चाहते हैं आप
वंशजों के लिए सुरक्षित करना चाहते हैं
यह सत्ता, तो
मैं आपको ले चलना चाहूँगा
दिगन्तव्यापी फ़सलों के खेतों की ओर

आप देखेंगे
फ़सल के दाने-दाने पर
चमकता है राजमुकुट
लाखों करोड़ों उन सम्राटों ने
निर्जन तर्जनी हिलाकर
मुझे भी बनाया है अपना दास।

ख़ान मोहम्मद फराबी की कविताएँ

91. मैं तुम्हारे लिए

मैं तुम्हारे लिए हूँ

मैं उनके लिए हूँ
सूरज की ओर
देखने के अभ्यास के कारण

जिन्हें जंगली समझा जाता है

मैं तुम्हारे लिए हूँ
कपाल में धधकती
उस लाल बिंदी के लिए
जिसके लिए समर्पित है
मेरा कतरा-कतरा ख़ून।

92. आक्षेप

सच है बात
यह है रात
गहरी रात
सच है बात

शान्त प्रवाह
ठिठक गया है
अन्धकार में
भटक गया है

कितने गीत
बन्दी गीत
गा रहे सब
आ रहे सब

घासों में हैं
ओस के कण
टूटे सपने
टूटा मन

हमारी माँगें
भात की माँगें

जल रही हैं
उबल रही हैं
देश में सारे
सुनता जा रे

खेतों में बाली
सज रही है
धान की बाली
बज रही है

फिर भी कितनी
तंगहाली
घर हमारा
ख़ाली-ख़ाली।

दाऊद हयदर की कविताएँ

93. कहा था

कहा था, तुम्हें ले जाऊँगा
बहुत दूर, दूर किसी देश में
कहा था, मरुस्थल में
इछामती सी कोई नदी बनाकर
बसाऊँगा बस्ती, जनपद

कहा था, तुम साथ रहे तो
मेरी समस्त यात्राओं के सभी असम्भव
सम्भव हो उठेंगे

कहा था रात की चाँदनी
कभी नहीं मानती है
ब्लैक आउट की निषेधाज्ञा
कहा था, तुम्हारी ज़ंजीरों में
मुझे बाँधने से पहले
चैत की अग्नि में बजाओ
बाँसुरी की अनन्त धुन

मेरे कानों में
नदी की छल-छल ध्वनि क्यों बजती है
मैं आज तक समझ न सका, शायद
जल के देश में पिता, प्रपितामह ने
अपना जीवन बिताकर
हमें भी सिखाया था
नदी और आदमी का गीत

जल और धूप में बीता है
हमारा बचपन
खेतों में धान बोते हुए
गुज़रा है जीवन, मैंने कहा है
हमारे जीवन में जो जल की ख़ुशबू है
वह हमारी शिराओं में बहती हुई
पूर्वजों की रक्त धाराएँ हैं, और
बांग्ला की सभी पुराण कथाएँ
हमारे ही जीवन विषयक हैं
कहा था, सीता के दुःख से
बांग्ला की बेहुला का दुःख
इस देश की नारियों को
बहुत ज़्यादा अपना लगता है

कहा था, तुम्हें ले जाऊँगा
बहुत दूर-दूर किसी देश में

कहा था, बचपन से
मेरे कानों में गूँजता है
नदी और आदमी का गीत।

94. कोरस

राजा के पाप से नष्ट होता है राज
इसलिए बाढ़, महामारी और भूख से
आक्रान्त है सारा देश
किसी भी समय कुछ भी घट सकता है
यहाँ तक कि राजपरिवार का भी
समूल विनाश हो सकता है

न्याय अन्याय आदमी की मुट्ठी में है

देशवासी मृत्युभय से आक्रान्त नहीं हैं
लेकिन सेना और सामन्त
राजा की आज्ञा के अधीन हैं
अस्त्र शस्त्रों से सज्जित हैं वे और
स्वभाव से भी पशुवत हैं
मूलतः ये लोग दोगले हैं
इसलिए नफ़रत करता हूँ इनसे

सब कुछ था इस देश में
धन धान्य पुष्प से भरी थीं दिशाएँ
लेकिन आज कहीं कुछ नहीं है
सुन्दरी धरित्री के हाथों में भी
थमा दिया गया है भिक्षा का पात्र
इन बुरे दिनों में
कौन सुना रहा है आशा के बोल
क्या सचमुच असहाय है मेरा देश?

95. याद रखना

याद रखना
हवा भी पाना चाहती है
आदमी के फेफड़े से
निकला प्रश्वास

याद रखना
मुहाने का जलचक्र
एक बार बध्यभूमि स्पर्श कर ले, तो
खोपड़ियों को जोड़कर बना लेगा
प्रतिरोधी ज़ंजीर

तुमसे कहा है
सागर को झकझोरती हुई
तूफ़ानी हवा आयेगी एक दिन

कहा है
निर्झर के स्वप्नभंग से
आदमी ठीक जान लेगा
सूर्य की परिधि

प्रवाह के उस पार जो जीवन है
कुशल माझी वहाँ
ज़रूर ले जायेगा नाव एक दिन
याद रखना
जब तक यह दुनिया रहेगी
प्रॉमिथिउस की आग
ज़ंजीरों में जकड़े लोगों के लिए
बनती रहेंगी मशालें।

96. अनुज जाहिद को खुला पत्र

देखो जाहिद,
ठीक इस तरह और नहीं चल सकता है
नौ को छः बनाकर
छः को तीन के घर में लाकर
जैसी इच्छा तुम तोड़ोगे
वह उम्र, अचानक भूल जाने के वे दिन
नहीं, अब और नहीं हैं

तुम्हारी आँखों को देखकर लगता है,
बीती रात तुम
भयंकर दुःस्वप्न में डूब गये थे
नींद में ही तुम सप्तद्वीप पार हो
चले गये थे
रवीन्द्रनाथ के उस पद्मा के किनारे
अभी जहाँ हैं
अश्वमेध और यज्ञ के तुमुल कोलाहल
वहाँ तुम, सचमुच असहाय और संकटग्रस्त
दीख रहे थे

हाँ, जो मैं कह रहा था—
तुम्हारे लिए मेरा शिरस्त्राण
चेंगिस युग का भाला और
टीपू सुलतान के समय का यह घोड़ा
तैयार है, तुम
युद्ध में जाने से पहले
अन्तिम परीक्षण कर लो

याद रखना—
तुम्हारे प्रतिपक्ष ने
सोकर ही नहीं गुज़ारी है सारी रात
तुम आसमुद्रहिमाचल जय करने से पहले

हमारी चेतना में करो
वज्र के आघात

याद रखना—
तुम्हारे पुत्र अर्जुन और
मेरी कन्या जयश्री ने
घर-घर में फहरा दी हैं
धूप की पताकाएँ।

97. मेरा कथन

मैं जिस देश की बात करता हूँ
वह देश है विश्वस्वदेश

मैं जिन आदमियों की बात करता
वे हैं अमृतष्यपुत्राः

मैं जिस घर की बात करता हूँ
वह घर है आसमुद्रहिमाचल

मैं जिस प्रेम की बात करता हूँ
वह प्रेम है विश्वप्रकृति का

मैं जिस नारी की बात करता हूँ
वह नारी है जननी वसुन्धरा

मैं जिस मैं की बात करता हूँ
वह मैं है विश्वबांग्ला का

98. जो जीवित है प्रवास में, असहाय

जीवित हूँ गहरे उपवास में

सुजला सुफला बांग्लादेश में

जीवित रहना कितना कठिन है, हाय
वही जानता है जो
जीवित है प्रवास में असहाय

कभी हमारे भी दिन थे, लेकिन
मेघों के मृदु गर्जन के साथ
बिखर गया नीलापन

सदा अ-मृत हूँ, इसीलिए
उपवासी और प्यासा होकर भी
जीवित हूँ आनन्द व्याकुल।

99. मेरी कविता

मेरी कविता देश के लिए है
मेरी कविता जनता के लिए है
मेरी कविता तुम्हारे लिए है
मेरी कविता गुज़रती है
चैत के आँगन से
प्रखर धूप की तपन से
आँधी से, तूफ़ान से
युद्ध क्षेत्र से, गोधूलि वेला से

मेरी कविता गुज़रती है–जल से, स्थल से
मेरी कविता गुज़रती है–शीत से, अनल से
मेरी कविता गुज़रती है–हल से, फ़सल से

मेरी कविता तुम्हारे लिए है
मेरी कविता जनता के लिए है
मेरी कविता देश के लिए है।

100. एकिलिस

केवल मित्र ही नहीं
देश के बहुत लोग मारे गये हैं
तुम्हारे दरवाज़े पर युद्ध चल रहा है, एकिलिस
शत्रुपक्ष, स्पार्टा के योद्धा चारों ओर
फैले हुए हैं
युद्धक्षेत्र के सभी हिस्से में
अब तुम्हें ही देखना चाहते हैं हम

यही तो समय है
जीऊश भी देखना चाहते हैं
तुम्हारी तेज़ गति से छिन्न-भिन्न हों
युवराज हेक्टर और ट्रॉय के राजमहल
—अधीर प्रतीक्षा में हैं हम
उत्कण्ठित है देश की जनता
अपोलो भी घड़ी गिन रही हैं
मृत्यु के हाहाकार से दिशाएँ मुखरित हैं
आकाश रक्तवर्ण है और धरती अग्निगर्भ
हम सब मृत्यु के घेरे में हैं
सम्पूर्ण देश का दायित्व
अब तुम्हें ही सँभालना होगा एकिलिस
पैट्रोक्लस के बदन पर शत्रु के यातनाचिह्न
क्या नहीं देखे तुमने

गली सड़कों पर, वन प्रान्तर में
हत्यारे उल्लास के साथ घूम रहे हैं
हथियार उठाये
अब मृत प्रियजन भी चाह रहे हैं
तुम्हारा दीप्त अभियान
मैं चाहता हूँ

मारणास्त्र से सज्जित तुम
निश्चित विजय की बाँसुरी बजाओ।

101. तुम्हारी बात

अक्सर तुम्हारी बात सोचता हूँ

आकाश में बादल घिरे हुए हैं
हवा गा रही है वर्षाती गीत
बहुत लम्बी है यह रात
मैं जाग रहा हूँ, कभी इधर
कभी उधर

अक्सर जी चाहता है
महाशून्य में उड़ता चला जाऊँ
बादलों के साथ तैरता हुआ
एक बार घूम आऊँ बांग्लादेश से
जी चाहता है
शहीदमीनार के शिखर पर चढ़कर
आकाश को चीरते हुए चीत्कार करूँ—
देखो, सीमा के उस पार मेरा घर है
यहाँ मैं अकेला हूँ, परदेशी।

102. हमारी बांग्ला कविताएँ

जिस कथ्य को जिस तरह कहना चाहता हूँ
पहले की तरह अब कह नहीं पाता हूँ

बाल क्रमशः सफ़ेद हो रहे हैं
सामने की पंक्ति के दो दाँत
कई दिन हुए हिलते-हिलते बता रहे हैं
उम्र ढल रही है
बदली के पीछे दिन का काफ़ी हिस्सा

निकल गया

हम अगली शताब्दी की ओर बढ़ रहे हैं
पृथ्वी क्रमशः बूढ़ी होती जा रही है

कविता पहले की तरह अब
संगठित नहीं हो पा रही है
शब्दों को जिस तरह
तोड़ रहे हैं हम
पयार को तोड़कर अक्षर में
अक्षर को तोड़कर मात्रा में
प्रवेश कर रहे हैं, जाहिद
तुम देख लेना
अगली शताब्दी के लोग
तूफ़ान की तरह सर्वत्र प्रवेश कर
चूर्ण-विचूर्ण कर देंगे
हमारी सुरक्षित लय

सुरक्षा के अभाव में
तुम अभी से टूटने लगे?

भूख-प्यास की लड़ाई में
मृत्यु की उपेक्षा कर जो लोग
सड़कों पर फैलते जा रहे हैं
देखो, सूरज को मुट्ठी में भरकर
वे बिखेर रहे हैं
रात के अँधेरे में

देखो, पिछली एक शताब्दी से
हमारी बांग्ला कविताएँ
कितनी भूखी और मृतप्राय हैं

नासिमा सुलताना की कविता

103. एक नया प्रेम

जितनी बार साहस संचय कर
उठ खड़ी होती हूँ
एक नया प्रेम
मुझे धकेल देता है
चाँदनी पीड़ित मैदानों में
दिगन्त के उस पार से दीखती
गोधूलि की ओर,
हज़ारों वर्ष पीछे
छूट जाती हूँ मैं

जितनी बार शक्ति संचय कर
उठ खड़ी होती हूँ
अस्थि-मज्जा-माँस में
जगा लेती हूँ बिजली
भूला हुआ बचपन,
उतनी ही बार
एक नया प्रेम
मेरी सारी दृढ़ता के ऊपर
बरसाता है पानी
मैं सन्तुलित नहीं रह पाती हूँ

कमरे में बैठे लोगों के सामने
प्राणवन्त ज़ोरों की हँसी हँसकर
उलट नहीं पाती हूँ मेज़
मेरी चाहत

दर्द की तरह बूँद-बूँद रिसने लगती है

घुटनों से कट जाते हैं पैर
भीगे कपड़े की तरह
लटकती हैं बाँहें
आँखों के कोनों पर चमकता
मेरा शेष अहंकार
मुझे अकेला छोड़ जाता है

एकान्त अँधेरे में बहते हैं आँसू
चबाती हूँ उँगली
बच्चे की तरह पटकती हूँ हाथ-पाँव
हर बार एक नया प्रेम
शक्ति हीन कर देता है मुझे
छीन लेता है :
क्रोध, बेचैनी, भय, आनन्द और शान्ति

मैं चाहती हूँ
बहुत-बहुत ऊँची हो जाऊँ
बढ़ते-बढ़ते मेरे कान
कुत्ते की तरह लटकने लगें
मेरे बाल खड़े हो जायँ
बिजली के प्रभाव से,
इस पृथ्वी को तब
अपनी मुट्ठी में भरकर
विश्व भर की कीचड़-मिट्टी
उछाल दूँ भगवान के चेहरे पर

लेकिन ऐसा कुछ नहीं होता है
केवल हज़ारों वर्ष पीछे
छूट जाती हूँ मैं
और मेरे भीतर एक अक्षम प्रेम
कराहने लगता है।

परिशिष्ट

कवि परिचय

अहसान हबीब (1917-1985) : जन्मस्थान : शंकर पाशा, बरिशाल। पेशा : पत्रकारिता। ढाका बेतार और कई महत्त्वपूर्ण पत्र-पत्रिकाओं से जुड़े रहे। प्रमुख किताबें—कविता : रात्रि शेष, छाया हिरण, सारी दोपहर, आशा की बस्ती, प्रेम कविताएँ, काव्यलोक (सम्पादित); उपन्यास : आरण्य नीलिमा, जफरानी रंग, कबूतर; कहानी-संग्रह : चाँदनी रात की कहानी, बेवकूफ़ चकोर आदि। कविता के लिए सन् 1961 का बांग्ला अकादमी पुरस्कार।

सिकन्दर अबु ज़फ़र (1917-75) : जन्मस्थान : खुलना। पेशा : पत्रकारिता। 'समकाल' पत्रिका से जुड़े रहे। प्रमुख किताबें—कविता : प्रसन्न प्रहर, तिमिरान्तिक, वैरी वर्षा में, कविता—1372, मालव कौशिक; नाटक : सकुन्त उपाख्यान, सिराजुद्दौला, महाकवि अलावल, अनुवाद : रूबायत उमर खैयाम, कलश, सेतु आदि।

फारूख अहमद (1918-75) : जन्मस्थान : माझ आइल, यशोर। पेशा : सरकारी नौकरी। राष्ट्रीय आन्दोलनों में सक्रिय रहे। प्रमुख किताबें—कविता : सात सागर के माँझी, सिराजुम मुनिगन, मुहूर्त्त की कविताएँ, हातेमताई, नौफेल, हातेम आदि। कविता के लिए सन् 1960 में बांग्ला अकादमी पुरस्कार।

मजहरूल इसलाम (1929-2003) : जन्मस्थान : चरणीवपुर, पावना। पेशा : शिक्षाविद्। राजशाही विश्वविद्यालय में बांग्ला के प्राध्यापक, विभागाध्यक्ष और बाद में उपाचार्य। प्रमुख किताबें—कविता : मिट्टी की फ़सल, विच्छिन्न प्रतिलिपि; आर्तनाद से विवर्ण; कहानी-संग्रह : तालमताल; इसके अतिरिक्त अनेक शोधग्रन्थ और निबन्ध संग्रह। निबन्ध के लिए बांग्ला अकादमी पुरस्कार।

अबुल हुसैन (1922-2014) : जन्मस्थान : बेलफूलिया, खुलना। पेशा : सरकारी नौकरी। ढाका बेतार और प्रकाशन विभाग से जुड़े रहे। प्रमुख किताबें—कविता : नव वसन्त, विरल संलाप, हवा तुम्हारा दु:साहस। कविता के लिए सन् 1963 का बांग्ला अकादमी पुरस्कार।

सैयद अली अशरफ (1924-1998) : जन्मस्थान : आलोक दीया, यशोर। पेशा : सरकारी नौकरी। कराची विश्वविद्यालय में अंग्रेज़ी के विभागाध्यक्ष और फिर स्वदेश के जहाँगीर नगर विश्वविद्यालय के उपाचार्य रहे। प्रमुख किताबें—कविता : चैत जब, जुगनू शहर, काँच कीड़ा, चाँद में पहला आदमी आदि।

अब्दुल गनी हज़ारी (1925-76) : जन्मस्थान : नजीरपुर, पाबना। पेशा : पत्रकारिता। आवजर्वर समूह से जुड़े रहे। प्रमुख किताबें—कविता : सामान्य धन, सूरज की सीढ़ी, जाग्रत दीप में; उपन्यास : स्वर्ण गर्दभ आदि। कविता के लिए सन् 1972 का बांग्ला अकादमी पुरस्कार।

हबीबुर रहमान (1923-1976) : जन्मस्थान : वर्दमान, पश्चिम बंगाल। पेशा : अध्यापन और पत्रकारिता। प्रमुख किताब—कविता : उपात्त। कविता के लिए सन् 1964 का बांग्ला अकादमी पुरस्कार।

अब्दुर रशीद ख़ान (1924-2019) : जन्मस्थान : जफराबाद, कुमिल्ला। पेशा : सरकारी नौकरी। बांग्लादेश के प्रमुख अनुवादकों में से एक। पाकिस्तान सरकार के बांग्ला अनुवाद विभाग में प्रकाशन पंजीयक के पद पर कार्यरत रहे। प्रमुख किताबें—कविता : नक्षत्र मनुष्य मन, बन्दी मुहूर्त्त, महुआ, बिम्बित शहर। अनूदित और सम्पादित पुस्तकें : आकाश विजय की कहानी, मुक्ता, किशोर मनीषी, नयी कविताएँ, प्रेम कविताएँ आदि। कविता के लिए सन् 1977 का बांग्ला अकादमी पुरस्कार।

अताउर रहमान (1925-1999) : जन्मस्थान : आक्केलपुर, बगुड़ा। पेशा : अध्यापन। प्रमुख किताबें—कविता : एक दिन प्रतिदिन, दो ऋतुएँ, निषाद नगर में; निबन्ध : कवि नजरूल आदि। कविता के लिए सन् 1970 का बांग्ला अकादमी पुरस्कार।

जिल्लुर रहमान सिद्दीक़ी (1928-2014) : जन्मस्थान : दुर्गापुर, यशोर। पेशा : अध्यापन। प्रमुख किताबें—कविता : हृदय में जनपद में, चाँद डूब गया आदि। कविता के लिए सन् 1979 का बांग्ला अकादमी पुरस्कार।

शमसुर रहमान (1929-2006) : जन्मस्थान : माहुतटोली, ढाका। पेशा : पत्रकारिता। ढाका बेतार और मॉर्निंग न्यूज़ से जुड़े रहे। प्रमुख किताबें—कविता : पहला गीत द्वितीय मृत्यु से पहले, विध्वस्त नीलिमा, अपनी वासभूमि में, बन्दी शिविर से, झरना मेरी उँगली में आदि। कविता के लिए सन् 1969 का पुरस्कार।

अजीजुल हक़ : (1930) : जन्मस्थान : तराउजल, यशोर। पेशा : अध्यापन। प्रमुख किताबें—कविता : सीप मुहूर्त्त सूरज, विनष्ट के चीत्कार आदि।

अबु ज़फ़र ओबा दुल्लाह (1934-2001) : जन्मस्थान : बरिशाल। पेशा : सरकारी नौकरी। सहकारिता और ग्रामोन्नयन सचिव बांग्लादेश सरकार के पद पर। प्रमुख किताबें—कविता : सात नदियों का हार, कभी रंग कभी सुर, प्रेम कविताएँ आदि। कविता के लिए सन् 1979 का बांग्ला अकादमी पुरस्कार।

अलाउद्दीन अल आज़ाद : (1932-2009) : जन्मस्थान : रामनगर, ढाका। पेशा : अध्यापन। प्रमुख किताबें—कविता : मानचित्र, भोर की नदी के मुहाने में। कविता के लिए सन् 1965 का बांग्ला अकादमी पुरस्कार।

हसन हफीजुर रहमान (1932-83) : जन्मस्थान : जमालपुर, मयमन सिंह। पेशा : पत्रकारिता। प्रमुख किताबें—कविता : विमुख प्रान्तर, आर्त शब्दावली, शोकार्त तरवारी; निबन्ध : आधुनिक कवि और कविता, साहित्य प्रसंग; कहानी-संग्रह : और दो मौतें आदि। कविता के लिए सन् 1971 का बांग्ला अकादमी पुरस्कार।

कयसुल हक़ : (1933) : जन्मस्थान : रंगपुर। पेशा : नौकरी। प्रमुख कविता की किताब : शब्दों का पुल।

अबुबकर सिद्दिक़ (1934-2023) : जन्मस्थान : बागेरहाट, खुलना। पेशा : अध्यापन। प्रमुख किताबें—कविता : सफ़ेद दूध का स्वर ग्राम, विनिद्र काल की नाव, आदमी तुम्हारे विच्छत दिन आदि।

सैयद शमसुल हक़ (1935-2016) : जन्मस्थान : कुडिग्राम, रंगपुर। पेशा : स्वतन्त्र लेखन। प्रमुख किताबें—कविता : एक बार किसी राज्य में, अन्य पुरुष, अपना विषय आदि। सन् 1966 में कविता के लिए बांग्ला अकादमी पुरस्कार।

अलमहमूद (1936-2019) : जन्मस्थान : ब्राह्मण बाड़िया कुमिल्ला। पेशा : सरकारी नौकरी। 'जनकण्ठ' पत्रिका के सम्पादक। प्रमुख किताबें—कविता : लोक लोकान्तर, काल के चलन, सोनाली केबिन आदि। कविता के लिए सन् 1968 का बांग्ला अकादमी पुरस्कार।

अबुहिना मुस्तफा कमाल (1936-89) : जन्मस्थान : गोविन्दग्राम, पाबना। पेशा : अध्यापन। प्रमुख किताबें—कविता : बैरी अपना यौवन, पूर्व बांग्ला की कविताएँ (सम्पादित) आदि।

जिया हयदर (1936-2008) : जन्मस्थान : दोहारपाड़ा, पाबना। पेशा : अध्यापन। प्रमुख किताबें—कविता : एक तारा में रुदन, दूर से देखना, भागती छाया मेरी आदि। कविता के लिए सन् 1977 का बांग्ला अकादमी पुरस्कार।

फजल शहाबुद्दीन (1936-2014) : जन्मस्थान : ढाका। पेशा : व्यवसाय और पत्रकारिता। प्रमुख किताबें—कविता : प्यास की आग में अकेला, आकांक्षित

असुन्दर, सूर्यास्त आदि; कहानी-संग्रह : दिक चिह्नहीन; अनुवाद : लॉङ्ग फैलो की निर्वाचित कविताएँ। सन् 1973 में कविता के लिए बांग्ला अकादमी पुरस्कार।

मोहम्मद महफुजउलाह (1936) : जन्मस्थान : ब्राह्मणबाड़िया, कुमिल्ला। पेशा : पत्रकारिता। प्रमुख किताबें—कविता : जुलेखा का मन, अन्धकार में अकेला, रक्तिम हृदय; निबन्ध : समकालीन साहित्य की धारा, बांग्ला काव्य में मुस्लिम परम्परा, मधुसूदन और रवीन्द्रनाथ, साहित्य संस्कृति और राष्ट्रीयता; सम्पादित पुस्तक : पूर्व बांग्ला की कविता। कविता के लिए सन् 1977 का बांग्ला अकादमी पुरस्कार।

बेलाल चौधरी (1938- 2018) : जन्मस्थान : फेनी, नोआखाली। पेशा : पत्रकारिता। महत्त्वपूर्ण किताबें—कविता : आत्म-प्रतिकृति, स्थिर जीवन और निसर्ग, बेलाल चौधरी की कविताएँ आदि।

उमर अली (1932-2015) : जन्मस्थान : पाबना। पेशा : अध्यापन। महत्त्वपूर्ण किताबें—कविता : इस देश में साँवला रंग, औरत की प्रशंसा सुनी है, आत्मा की ओर, अरण्य में एक आदमी, नदी, ख़ामोश घर आदि। कविता के लिए सन् 1981 का बांग्ला अकादमी पुरस्कार।

शहीद कादरी (1942-2016) : जन्मस्थान : ढाका। पेशा : व्यवसाय। महत्त्वपूर्ण किताबें—कविता : उत्तराधिकार, तुम्हें अभिवादन प्रियतमा, कहीं रुदन नहीं है। कविता के लिए सन् 1973 का बांग्ला अकादमी पुरस्कार।

मनजुरे मौला (1940) : जन्मस्थान : ढाका। पेशा : सरकारी नौकरी। महत्त्वपूर्ण किताबें—कविता : कैसे निमग्न होते हो, मिट्टी हार रही है आदि।

रफीक आज़ाद (1941-2016) : जन्मस्थान : गुणी, टंगाइल। पेशा : नौकरी। बांग्ला अकादमी के पत्रिका विभाग में सह संचालक। महत्त्वपूर्ण किताबें—कविता : असम्भव के क़दमों में, निर्वाचित कविता, प्रेम कविताएँ आदि। कविता के लिए सन् 1981 का बांग्ला अकादमी पुरस्कार।

असाद चौधरी (1943-2023) : जन्मस्थान : उलानिया, वरिशाल। पेशा : सरकारी नौकरी। महत्त्वपूर्ण किताबें—कविता : पान का बीड़ा, वित्त नहीं द्रव्य नहीं, प्रश्न नहीं है, उत्तर में पहाड़ आदि।

मोफज्जल करीम (1941) : जन्मस्थान : बड़बाड़ी, सिलेट। पेशा : सरकारी नौकरी। महत्त्वपूर्ण किताबें—कविता : अवचेतन में राजाधिराज, एक प्रमाणपत्र चाहिए आदि।

मोहम्मद रफीक (1943-2023) : जन्मस्थान : बागेरहाट, खुलना। पेशा : अध्यापन। महत्त्वपूर्ण किताबें—कविता : बैशाखी पूर्णिमा, धूल के संसार में, कीर्तिनाशा आदि।

फरहाद मजहर (1947) : जन्मस्थान : राजुर गाँव, नोआखाली। पेशा : अर्थशास्त्री और शोधकर्ता। महत्त्वपूर्ण किताबें—कविता : त्रिभंग का रेखागणित, प्रस्ताव, मुन्ना और उसके प्रति पुरुष आदि।

महादेव साहा (1944) : जन्मस्थान : पाबना। पेशा : पत्रकारिता। महत्त्वपूर्ण किताबें—कविता : यह घर यह संन्यास, आदमी, क़रीब आया हूँ, लाजुक लिरिक आदि। कविता के लिए सन् 1983 का बांग्ला अकादमी पुरस्कार।

निर्मलेन्दु गुण (1945) : जन्मस्थान : नेत्रकोना, मयमन सिंह। पेशा : पत्रकारिता महत्त्वपूर्ण किताबें—कविता : प्रेमांशु का ख़ून चाहिए, न प्रेमिक न क्रान्तिकारी, आनन्द कुसुम आदि। कविता के लिए सन् 1982 का बांग्ला अकादमी पुरस्कार।

हुमायुन आज़ाद (1947-2004) : जन्मस्थान : विक्रमपुर, ढाका। पेशा : अध्यापन। महत्त्वपूर्ण किताबें—कविता : अलौकिक स्टीमर में, जितनी गहराई में जाता हूँ, सब कुछ बर्बादों के अधिकार में आदि।

अबुल हसन (1947-1975) : जन्मस्थान : बरिशाल। पेशा : पत्रकारिता। महत्त्वपूर्ण किताबें—कविता : राजा आते हैं राजा जाते हैं, मेरा प्रेम अलग शय्या, जो तुम हरती हो आदि। कविता के लिए सन् 1975 का बांग्ला अकादमी पुरस्कार।

सनाउल हक़ ख़ान (1947) : जन्मस्थान : मुंशीगंज, ढाका। पेशा : नौकरी महत्त्वपूर्ण किताबें—कविता : अन्धी ताली, जन्म ग्रहण, लुब्ध प्रार्थना आदि।

अलताफ हुसैन (1947) : जन्मस्थान : पटना, बिहार। पेशा : सरकारी नौकरी। महत्त्वपूर्ण किताबें—कविता : सजल भैरवी, लाजुक ऑक्टोपस, भूमध्य सागर में तूफ़ान आदि।

हुमायुन कबीर (1948-1972) : जन्मस्थान : बरिशाल। पेशा : अध्यापन। बांग्ला विभाग, ढाका विश्वविद्यालय से जुड़े रहे। प्रकाशित कविता की किताब : कुसुमित इस्पात।

हबीबुल्लाह सिराजी : (1948-2021) : जन्मस्थान : फरीदपुर। पेशा : प्रकाशन व्यवसाय। महत्त्वपूर्ण किताबें—कविता : वृक्ष दो दिन दो, मध्यरात्रि में झूम उठता है ग्लास, मेरा अकेला दोस्त आदि।

मोहम्मद नुरुल हुदा (1949) : जन्मस्थान : पोकखाली, कॉक्स बाज़ार। पेशा : सरकारी नौकरी, अनुवाद विभाग, बांग्ला अकादमी। महत्त्वपूर्ण किताबें—कविता : रक्त में सागर गर्जन, मेरे सशस्त्र शब्द, चुनी हुई कविताएँ, हे स्वदेश (सम्पादित) आदि।

ख़ान मोहम्मद फराबी (1952-1974)

दाउद हयदर (1954) : जन्मस्थान : दोहार पाड़ा पाबना। पेशा : स्वतन्त्र लेखन। विद्रोही चरित्र के कारण देश त्याग और पश्चिम जर्मनी में प्रवास का जीवन। महत्त्वपूर्ण किताबें—कविता : जन्म ही मेरा आजन्म पाप है, सम्पन्न नहीं हूँ, नाटकीय भूवन, वासभूमि छोड़कर आदि।

नासिमा सुलताना (1957-1997) : जन्मस्थान : कुष्ठिया। पेशा : पत्रकारिता। महत्त्वपूर्ण किताबें—कविता : मृगया में जंगी घोड़ा, फिर भी कोई किसी का नहीं है आदि।

बदरुद्दीन उमर (1931) : जन्मस्थान : वर्द्धमान, पश्चिम बंगाल। सुप्रसिद्ध राजनीतिज्ञ अबुल हासिम के पुत्र। 1950 से ढाका में निवास। दर्शन, राजनीतिशास्त्र और अर्थशास्त्र में ऑक्सफोर्ड विश्वविद्यालय से उच्च शिक्षा। राजशाही विश्वविद्यालय, ढाका में राजनीतिशास्त्र के विभागाध्यक्ष रहे। 1968 में नौकरी से त्यागपत्र देकर पूर्णकालिक राजनीतिक कार्यकर्ता और पत्रकारिता शुरू कर दी। बांग्लादेश कम्युनिस्ट पार्टी के मुखपत्र 'गणशक्ति' के सम्पादक रहे। वर्तमान में बांग्लादेश की अग्रणी पत्रिका 'संस्कृति' से जुड़े हैं और मज़दूर-किसानों को संगठित कर रहे हैं। प्रकाशित महत्त्वपूर्ण किताबें—साम्प्रदायिकता, संस्कृति का संकट, पूर्व बांग्ला का भाषा आन्दोलन और तत्कालीन राजनीति (तीन खण्ड), चिरस्थायी बन्दोबस्त में बांग्लादेश के किसान, ईश्वरचन्द्र विद्यासागर और उन्नीस शतक का बंगाली समाज, युद्धोत्तर बांग्लादेश, बांग्लादेश में कम्युनिस्ट आन्दोलन की समस्या, बांग्लादेश में मार्क्सवाद, बंग भंग और साम्प्रदायिक राजनीति, मार्क्सवादी दर्शन और संस्कृति आदि।